英語の前置詞

開拓社
言語・文化選書
31

英語の前置詞

安藤貞雄 著

開拓社

まえがき

　英語の前置詞は，日本語の助詞と同様に，複雑をきわめていて，外国人にはマスターしがたいとされている。それならば，英語を母語とする人々は，なぜ，その"複雑"な前置詞をたいした苦もなく使いこなすことができるのだろうか。彼らは，それぞれの前置詞の意味を，もっと直覚的に，もっと端的につかまえているのではないだろうか。

　明治の偉大な英語学者・斎藤秀三郎の『熟語本位英和中辞典』を見ると，たとえば，at は 26 の意味に分析され，*at* Oxford（オックスフォードで）の at は「地点」を，*at* noon（正午に）の at は「時点」を，arrive *at* the station（駅に着く）の at は「到着」を，aim *at* a mark（的をねらう）の at は「目標」を示す，というふうに説明されている。at のような基本的な前置詞に 26 もの意味があるとすれば，たしかに，"複雑をきわめている"と言わなければならない。

　私はこの本において，前置詞のあまりにもばらばらに細分化された意味を，できるだけ単一の"中核的意味"にまとめるように努めた。たとえば，at の揚合，その"中核的意味"は〈一点〉(point) にまとめることができる。つまり，*at* Oxford の at も，*at* noon の at も，〈一点〉いう中核的意味はまったく同じで，異なるところがあるとすれば，前者では"地点名詞"を，後者では"時点名詞"を伴っているということにすぎない。同様に，arrive at the station の「到着」の意味は，arrive という"到着動

詞"の意味特徴に，aim at a mark の「目標」の意味は，"目標動詞"の意味特徴に，それぞれ帰すべきものであり，at 自体は，あくまでも「到着」の〈一点〉，「目標」としての〈一点〉を示していると見ることができる。

英語を母語とする人々も，上のような表現をするとき，「時点」「到着」「目標」などの区別は意識になく，ただ，〈一点〉という中核的意味にのみ導かれているのではないか，と私は想像する。あるいは，at の対象を〈一点〉というイメージでとらえている，と言い替えてもいい。

私が本書の執筆を思い立ったのは，できれば，英語母語話者の立場から，前置詞の意味を直覚的につかまえてみたい，と念じたからであった。そのためには，*Oxford English Dictionary* にも当たってみたし，ドイツの文法家，Mätzner の文法書をもひもといてみた。この小著が，英語前置詞の"複雑多義性"を整理することに少しでも成功しており，読者諸氏の英語力をいささかでも能率化することに役立つならば，執筆の苦労は十分に報いられたと言わなければならない。

最後にひと言。基本前置詞の章で大学入試問題が数多く引用されているとすれば，そこで基本前置詞の例が多数利用されているためであり，本書が大学受験参考書を目指すものでは決してないことをお断りしておきたい。

2012 年 3 月

安藤　貞雄

目　　次

まえがき　*v*

第1章　序　説 …………………………………… *1*
1.1.　前置詞とは何か　*1*
1.2.　前置詞の目的語　*2*
1.3.　前置詞句の構造　*3*
1.4.　前置詞の目的語となるもの　*5*
1.5.　目的語の前置　*8*

第2章　基本前置詞 ……………………………… *11*
2.0.　はじめに　*11*
2.1.　AT　*12*
2.2.　BY　*19*
2.3.　FOR　*24*
2.4.　FROM　*36*
2.5.　IN　*41*
2.6.　OF　*54*
2.7.　ON　*71*
2.8.　TO　*80*
2.9.　WITH　*90*

第3章　その他の前置詞 ………………………… *103*
3.1.　ABOUT　*103*
3.2.　ABOVE　*105*
3.3.　ACROSS　*106*
3.4.　AFTER　*107*
3.5.　AGAINST　*109*
3.6.　ALONG　*110*

3.7. AMONG, BETWEEN　*111*
3.8. AS　*113*
3.9. BEFORE　*114*
3.10. BEHIND　*115*
3.11. BELOW　*116*
3.12. BESIDE　*117*
3.13. BESIDES　*118*
3.14. BEYOND　*119*
3.15. BUT　*120*
3.16. DOWN/UP　*121*
3.17. DURING　*122*
3.18. INSIDE　*123*
3.19. INTO　*123*
3.20. LIKE　*125*
3.21. NEAR　*126*
3.22. OFF　*127*
3.23. OUT OF　*128*
3.24. OUTSIDE　*130*
3.25. OVER　*130*
3.26. PAST　*132*
3.27. ROUND/AROUND　*133*
3.28. SINCE　*133*
3.29. THROUGH　*134*
3.30. THROUGHOUT　*135*
3.31. TILL/UNTIL　*135*
3.33. TOWARD(S)　*136*
3.34. UNDER　*137*
3.35. WITHIN　*139*
3.36. WITHOUT　*140*

第4章　総合研究　*143*
4.1. 場所の at, in　*143*
4.2. 場所の on, up, above, over; beneath, down, below,

   under　*144*
4.3. 時間の at, in, on　*145*
4.4. 時間の from, since　*146*
4.5. 時間の in, after　*147*
4.6. 時間の by, till, before　*147*
4.7. 時間の during, for　*148*
4.8. by, with　*148*
4.9. 材料の from, of　*149*
4.10. 価格の at と for　*150*
4.11. 結果の to, into　*150*
4.12. 出所の from, of　*151*
4.13. die of, die from　*152*
4.14. with a pencil, in pencil　*153*
4.15. 「前置詞 + oneself」　*153*
4.16. 備えの for, against　*154*
4.17. 原因の at, with, over　*155*

第5章　紛らわしい句動詞（＝動詞＋前置詞）……………… *157*

第6章　紛らわしい「形容詞＋前置詞」……………………… *173*

第7章　群前置詞研究………………………………………… *177*

補　遺　over の意味分析…………………………………… *187*
 1. 中心的スキーマ　*188*
 2. 分節のプロファイル　*190*
 3. イメージ・スキーマの回転　*195*
 4. TR 自体の回転　*196*

参考文献……………………………………………………… *197*

索　引………………………………………………………… *199*

第1章

序　説

1.1. 前置詞とは何か

　前置詞 (preposition) とは，普通，名詞（相当語句）の"前に置いて"副詞句・形容詞句を作る語をいう。

(1) a.　There is a book **on the desk**.
　　　　（デスクの上に本がある）
　　b.　The book **on the desk** is mine.
　　　　（デスクの上の本は私のです）

上例の on the desk は，(1a) では is にかかる（＝修飾する）副詞句，(1b) では book にかかる（＝修飾する）形容詞として働いている。

　NB　まれに前置詞句が主語や目的語として働く場合がある。このような場合，前置詞句は名詞句として働いていると言ってもよい。
(i) a.　**After four** would be the best time for me.
　　　　（4時過ぎが私には一番好都合でしょうね）

b. **Under the table** is a good place to hide.
   （テーブルの下は隠れるのによい場所です）

                                (以上 Haegeman and Guéon 1999)

 前置詞句を主語としてとる動詞は，普通，(i) のような be 動詞と (ii) のような suit に限られる。

 (ii) **Before breakfast** would *suit* me fine.

                                (Haegeman and Guéon 1999)

 （朝食前が私にとって好都合ですね）

 前置詞句が目的語として働く，次のような例は認めない話し手もいる。

 (iii) They planned *until Christmas* in detail.

                                (Haegeman and Guéon 1999)

 （彼らはクリスマスまでを詳細に計画した）

 前置詞のあとには名詞（相当語句）しか置くことはできないという制約を理解したなら，次の選択問題を解くのは容易であろう。前置詞のあとに動詞が置けない以上，動詞を"名詞化"して，動名詞にしさえすればよいのである。

 (2) He insisted **on** (to visit, visit, visiting) the mayor.

                                        （学習院大）

 （彼は市長を訪問すると言い張った）[*visiting*]

 (3) I am looking forward **to** (hear, hearing) from you soon. （東京外大）

 （すぐお便りをいただけるのを待ちわびています）[*hearing*]

1.2. 前置詞の目的語

 前置詞のあとに置かれる名詞（相当語句）を前置詞の目的語

(object) と言う。

(1) a. I went **with** *John*.
   (私はジョンといっしょに行った)
   b. I went **with** *him*.
   (私は彼といっしょに行った)

(1) では，John と him が前置詞の目的語である。目的語であるからには，(1b) のように代名詞の場合には，当然，目的格（すなわち，him）を置かなくてはならない。次の文は，その意味で，誤りを含んでいる。

(2) Nobody **except** you and she saw the prisoner run away.　　　　　　　　　　　　　　　　　　　（岐阜大）
   (君と彼女のほか，誰も囚人が逃げ去るのを見たものはいない)

(3) He had two sons, both **of** who were killed in the war.　　　　　　　　　　　　　　　　　　　（秋田大）
   (彼には2人の息子がいたが，2人とも戦死してしまった)

前置詞のあとには目的格がくるのであるから，(2) she は her に，(3) who は whom に，それぞれ，訂正しなければならない。

1.3. 前置詞句の構造

前置詞句 (prepositional phrase, PP) は，次のような構造をしている。

(1)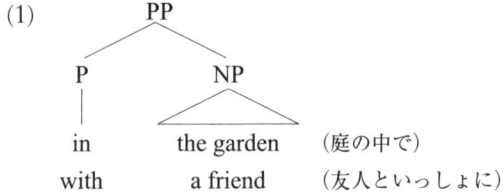

すなわち，P が PP の主要部 (head)，NP が P の補部 (complement) である。

次のように，表層で前置詞が二つ並んでいる構造は二重前置詞 (double preposition) と呼ばれることがあるが，適切な名称ではない。

(2) a. **from behind** the screen （ついたての後ろから）
    b. **from before** the war （戦前から）
    c. **till after** ten （10時まで）

このクラスは，前置詞が PP を補部（＝目的語）をとっている構造であって，樹形図で示せば次のようになる。

(3)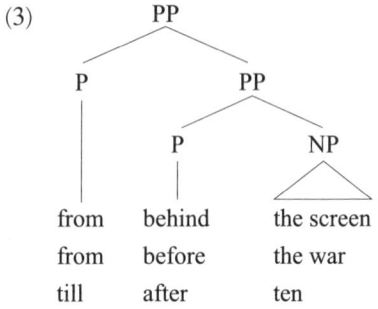

1.4. 前置詞の目的語となるもの

前置詞の目的語は，前述したように，名詞（相当語句）である。名詞（相当語句）には，次のようなものがある。

[**A**] 名詞・代名詞

(1) The moon shines **at** *night*.
   (月は夜輝く)

(2) He got angry **with** *me*.
   (彼は私に腹を立てた)

[**B**] 形容詞

(3) a. He was given up **for** *dead*.
   (彼は死んだものとしてあきらめられた)

 b. I regard it **as** *insignificant*.
   (そんなことはつまらないと思う)

 c. Matters went **from** *bad* **to** *worse* with us.
   (状況は私たちに次第に悪化していった)

 d. Do you know it **for** *certain/sure*?
   (そのことを確かに知っているのか)

 e. I took it **for** *granted* that you would consent.
   (君は当然承知してくれると思っていた)
   [it は that 以下を指す形式目的語]

[**C**] 副詞

(4) a. He will come **before** *long*.

(彼はまもなく来るでしょう)

    b. Boston is a long way **from** *here*.

       (ボストンはここから遠い道のりです)

[**D**]　動名詞：　前置詞のあとに動詞を置きたければ，名詞形 (*ie* 動名詞) に変えなければならない。

  (5) a. She went out **without** *saying* a word.

       (彼女はひと言も言わずに出ていった)

    b. **On** *arriving* in London, I phoned Bill.

       (ロンドンに着くとすぐ，私はビルに電話した)

[**E**]　不定詞：　不定詞が前置詞の目的語になる場合は少ないが，but, except, save (古語) の場合は，不定詞を目的語と見ることができる。

  (6) a. Jane did nothing **but/except** *cry*.

       (ジェインはただ泣いてばかりいた)

    b. A clever man has no use for beard **save** *to conceal* his features.

       (利口な男はあごひげなんて，顔を隠す以外に必要がない)

(6a) の場合，do に依存するものとしては to のない不定詞 (= 裸不定詞) が用いられている。

[**F**]　前置詞句

  (7) a. He stayed **till** *after supper*.

       (彼は夕食後まで居続けた)

b. The noise seems to be coming **from** *within the building*.

(その音はビルの中から聞こえてくるようだ)

1.2 節で触れたように, (7a) で言えば, till という前置詞が after supper という前置詞句を目的語としてとっている。

[**G**] <u>wh 節</u>

(8) a. I'm worried **about** *where she is*.

(彼女がどこにいるのか心配だ)

b. I'm very clear **on** *what I'm going to do*.

(私は自分が何をしようとしているかについては, 実にはっきりしています)

c. I had no idea **about** *what was happening in Egypt*.

(Google)

(エジプトで何が起こっているのかについてまるで知らなかった)

tell, ask, sure, look などの日常語のあとでは, wh 節の前の前置詞を落とすことができる (Swan 1995: 456)。

(9) a. Tell me (**about**) *where you went*.

(どこへ行ったのか教えてくれ)

b. I asked her (**about**) *whether she believed in God*.

(彼女に神を信じるかどうか聞いてみた)

c. I am not sure (**of**) *how he does it*.

(彼がそれをどのようにするのか, はっきりしない)

d.　Look (**at**) *what I've got*.
　　　　(ぼくがもっているものをご覧)

(9b) の about, (9c) の of はないほうが普通。

> **NB 1**　Since when の when は, what time という意味の名詞として使用されている。
> 　(i)　**Since when** is forty middle-aged?
> 　　　(いつから 40 歳は中年になったと言うのかね)
> **NB 2**　that 節の前に前置詞を置くことはできない。in that は複合接続詞と見るべきである。
> 　(i)　Men differ from animals **in that** they can talk.
> 　　　(人間は言葉を話す点で動物とは異なる)

1.5.　目的語の前置

次の環境では，前置詞の目的語は接頭に前置される。

[**A**]　wh 句 (＝疑問詞) が目的語の場合：　t は移動した wh 句の痕跡 (trace)。

　(1)　a.　**Where** do you come *from t*?
　　　　　(どこのご出身ですか)
　　　b.　**Who** are you thinking *of t*?
　　　　　(誰のことを考えているのか)
　　　c.　**Where** shall we go *to t*?
　　　　　(どこへ行こうかね)
　　　d.　**Which flight** is the general travelling *on t*?
　　　　　(将軍はどの便に乗っているのですか)

e.　**What kind of novels** are you interested *in t*?

　　　　(どんな小説に興味がおありですか)

以上のように，前置詞が元の位置にとどまるのを**前置詞残留** (preposition stranding) という。前置詞残留は，間接疑問文においても生じる。

　(2) a.　Tell me **where** you bought it *from t*?

　　　　(それ，どこから買ったのか教えてください)

　　b.　Do you know **who** he fell in love *with t*?

　　　　(彼が誰に恋したか知っていますか)

[B]　wh 句が関係詞の場合 (前置詞残留)

　(3) a.　This is the house (**which**) I told you *about t*.

　　　　(これがお話した家です)

　　　　[about which I told you は〈格式的〉]

　　b.　The man (**who**) I was speaking *to t* was an Englishman.

　　　　(私が話しかけていた人はイギリス人です)

[C]　疑似分裂文 (前置詞残留)

　(4) a.　**What** I was surprised *at t* was his arrogance.

　　　　(私がびっくりしたのは，彼の傲慢さです)

　　b.　**What** Mary was aware *of t* was that John left.

　　　　(メアリーが気づいていたのは，ジョンが立ち去ったということだ)

[**D**]　感嘆文（前置詞残留）

(5) a.　**What an awful state** he was *in t*!
　　　（彼はどんなに興奮していたことか！）

　　b.　**What a mess** he's got *into t*!
　　　（彼はなんという困難に陥ったことか！）

[**E**]　to 不定詞

(6) a.　There was no chair **to sit** *on*.
　　　（座る（べき）椅子がなかった）［形容詞的用法］

　　b.　He's impossible **to work** *with*.
　　　（彼とはとてもいっしょに働けない）［副詞的用法］

　　c.　It's a boring place **to live** *in*.
　　　（そこは住むのに退屈な場所だ）［副詞的用法］

[**F**]　前置詞付き動詞の受動態

(7) a.　His insolence cannot **be put up** *with*.
　　　（彼の横柄な態度はがまんならない）

　　b.　I hate **being laughed** *at*.　　　　　　(Swan 1995)
　　　（私は笑われるのは大嫌いだ）

[**G**]　worth -ing の構文

(8)　Her songs are **worth listening** *to*.
　　（彼女の歌は聴く値打ちがある）

第 2 章

基本前置詞

2.0. はじめに

アメリカの著名な英語学者 C.C. Fries は，その *American English Grammar* (1940) において，現代の標準英語で最も使用頻度の高い前置詞は，at, by, for, from, in, of, on, to, with の 9 つであり，これらの使用頻度がすべての英語前置詞のそれの 92.6％ を占めていると報告している。

また，この 9 つの前置詞は，英語の大きな特徴になっている，account for (...を説明する)，get away with (...を持ち去る)，take off (離陸する)，look down on (...を見下す) などの**句動詞** (phrasal verb) を作るときに 1 番活躍することになる基本前置詞である。

筆者はかつて必要があって，過去 10 年間にわたる大学入試問題を調べたことがあるが，ここでも使用頻度の高い前置詞は，やはり，圧倒的に上記の 9 つであった。

この章では，まず，これらの重要前置詞の中核的意味をとら

え，そこから，どのような派生的意味が出てくるかを考察することにしたい。

2.1. AT

2.1.1. at の中核的意味

at は場所・時間の〈一点〉(point) を表す。

[A] 場所の一点

(1) They live **at** 10 Victoria Street.
（彼らはビクトリア通り10番地に住んでいる）

(2) I arrived **at** the station just in time.
（私はちょうど間に合って駅に着いた）

(3) We met **at** a party.
（私たちはパーティーで会った）

(4) He called **at** my house on his way home.
（彼は帰宅の途中私の家を訪ねてきた）

(5) I would rather stay **at** home.
（私はむしろ家にいたい）

(6) Let us begin **at** page ten.
（10ページから始めましょう）

(7) Mary is very good **at** English.
（メアリーは英語がとても得意だ）

(8) He shouted **at** the top of his voice.

(彼は声を限りにどなった)

[**B**] 時間の一点：　at の目的語が時点を表す場合。

(9) There's a meeting **at** 2.30 this afternoon.
(きょうの午後2時半に会合があります)

(10) I expect him to call on me **at** any moment.
(彼がいつなんどき訪ねてくるかもしれないと思っている)

(11) She will have arrived in France **at** the end of June.
(彼女は6月の末にはフランスに到着しているだろう)

(12) If **at** first you don't succeed, try again.
(はじめ成功しなければ，もう一度やってごらん)

(13) a.　John always works late **at** night.
　　　(ジョンはいつも夜遅くまで勉強する)［夜分：夜をまとめて時点として考えている］
　b.　The fire broke out **in [during]** the night.
　　　(火事は夜中に起こった)［夜という時間帯に］

[**C**] 目盛りの at：「価格・速度・割合」など上下移動するものの〈一点〉。

(14) I bought these books **at** a dollar each.
(これらの本をそれぞれ1ドルで買った)
☞ for なら「交換」を表す。

(15) The thermometer stood **at** 90° in the shade.
(寒暖計は日陰で90°あった)

(16) The goods are valued **at** £100.
(その商品は100ポンドと評価されている)

(17) The Ferrari was travelling **at** about 50 mph.
(フェラーリは時速50マイルで走っていた)

[**D**] 　目標の at: 〈一点〉がある動作の目標になっている場合。

(18) She pointed **at** the placard with her finger.
(彼女はプラカードを指さした)

(19) He was laughed **at** by his friends.
(彼は友人たちに笑われた)

(20) What are you looking **at**?
(何を見ているのですか)

(21) I stole a glance **at** the girl.
(私はその少女をちらっと見た)

(22) A drowning man will clutch **at** a straw.
(おぼれる者はわらをもつかむ)[諺]

NB (22)のように「他動詞 + at」は通例,「不成功な試み」を表し, conative construction（動能的構文）と呼ばれることがある。
　(i) He *struck* **at** the dog with a stick.
　　　(彼は棒で犬に殴りかかった)
　　　cf. He *struck* the dog with a stick.
　　　　(彼は棒で犬を殴った)
　(ii) Did you *shoot* **at** that bird?
　　　(あの鳥を狙って撃ったのか)
　　　cf. Have you *shot* that bird?
　　　　(あの鳥を撃ったのか)

[**E**] 　状態の at:「場所」の at の比喩的な用法。

(23) Please make yourself **at** home.

(どうかくつろいでください)

☞ at home の「くつろいで」という意味は、「家にいるような」という意味から生じてくる。

(24) He continued reading even **at** table.

(彼は食事中でさえ本を読み続けた) [<食卓について]

(25) France was then **at** war with Germany.

(フランスは当時ドイツと交戦していた)

(26) She seemed to be **at** a loss for words.

(彼女は言葉に窮したらしかった)

(27) The peace process is **at** a standstill.

(和平の過程は止まっている)

(28) She felt completely **at** ease with Dick.

(彼女はディックに対してはすっかり気持ちが楽だった)

[**F**] <u>原因の</u> at:「感情表現＋at」で、感情の生じる事実との「接点」を表す。

(29) I was surprised **at** the news.

(私はその知らせを聞いてびっくりした)

(30) She wept **at** the the sight of his mesery.

(彼女は彼の不幸を見て泣いた)

(31) I was very pleased **at** the prompt service I recieved.

(私は手早いサービスを受けてとてもうれしかった)

(32) He got angry **at** her words.

(彼は彼女のことばを聞いて怒った)

NB 「angry at＋事柄」、「angry with＋人」が普通だが、ときに「angry at＋人」も用いられる。

(i) a. You're not *angry* **with** me?
  (私のこと怒ってはいないでしょうね)
 b. Mike Tyson got *angry* **at** the interviewer.
  (マイク・タイソンはインタビュアーに腹を立てた)

2.1.2. 慣用例

at all「少しも；いったい；いやしくも」： 非平叙文に用いられる。

(1) I wasn't tired *at all*. ［否定文］
 (私は少しも疲れていなかった)

(2) Do you believe it *at all*? ［疑問文］
 (いったい君はそんなことを信じているのか)

(3) If you do it *at all*, do it well. ［条件文］
 (いやしくもそれをするなら，りっぱにやりなさい)

at all events「ともかく」(= in any case)

(4) It is worth tryng *at all events*.
 (ともかく，それはやってみる値打ちがある)

at any cost / at all costs「ぜひとも」

(5) I will accomplish my purpose *at any cost*.
 (ぜひとも目的を達成してみせる)

(6) The country must defend its borders *at all costs*.
 (その国はぜひとも国境を守らなければならない)

at best「いくらよくても，せいぜい」

(7) Life is, *at best*, a sea of trouble.
(人生はせいぜい苦難の海だ)

at hand「近づいて，迫って」

(8) He knew a crisis must be (　　) *hand*.　　（小樽商大）
(彼は危機が迫っているにちがいないことを知っていた）［*at*］

at last / at length「ついに，とうとう」

(9) His chance came *at last*.
(ついに彼のチャンスが到来した)
☞ at last は肯定文にしか生じない。日本語の「とうとう彼は来なかった」は「結局」の意味だから，after all を用いて，He didn't come *after all*. としなければならない。

at least「少なくとも」

(10) It will take you *at least* twenty minutes to get there.
(そこへ行くには少なくとも 20 分はかかりますよ)

at (the) most「多くても，せいぜい」

(11) She must be thirty *at most*.
(彼女がせいぜい 30 歳くらいにちがいない)
(12) There were 50 people there *at the most*.
(そこには多くても 50 人しかいなかった)

at once「ただちに；同時に」

(13) Do it *at once*, please.

(すぐそれをしてください)

(14) Don't all speak *at once*.
(みんな一度に話してはいけない)

at once A and B「A でもあり B でもある」

(15) Our teacher is *at once* stern *and* tender.
(われわれの先生は厳しくもあり優しくもある)
☞ both A and B のほうが普通の言い方。

at one's **wits' end**「途方に暮れて」

(16) I just can't think what to do — I'm *at my wits' end*.
(どうしたらいいのかてんでわからない—途方に暮れている)
☞ at one's wit's end という形もあるが，頻度は落ちる。

at sea「航海中；[all, completely などで強調されて] 途方に暮れて，五里霧中で」

(17) The ship is now *at sea*.
(その船はいま航行中だ)

(18) He seemed all *at sea* on this case.
(この件についてはまったく五里霧中のようだった)

at the cost of「... を犠牲にして」

(19) He accomplished the task *at the cost of* his health.
(彼は健康を犠牲にしてその仕事をなし遂げた)

at the first opportunity「機会があり次第」

(20) The thief was bent on getting the jewel *at the first opportunity*.
(その泥棒は機会があり次第その宝石を取ろうと決心していた)

at the mercy of「...のなすがままになって」

(21) Primitive men were always *at the mercy of* their environment.
(原始人はいつも環境に左右されていた)

at the risk of「(生命) を賭けて」

(22) She saved the boy *at the risk of* her own life.
(彼女は命がけでその男の子を救った)

2.2. BY

2.2.1. by の中核的意味

by は〈近接〉を表す。

[A] 近接の by:「...のそばに」

(1) He was standing close **by** me.
(彼は私のすぐそばに立っていた)
(2) The telephone is **by** the window.
(電話は窓際にある)

(3) I go **by** his house every day.
　　（私は毎日彼の家のそばを通る）

[**B**] 時間の by: 「…までに」は時間的な近接から。

(4) I'll have completed my task **by** tommorrw.
　　（あすまでには私の仕事を終えているだろう）

(5) You must come home **by** six o'clock.
　　（6時までに帰宅しなければなりませんよ）

NB Wait *till* tomorrow.（あすまで待ちなさい）との比較は §3.31.1。

[**C**] 手段・行為者の by: 〈近接〉の意味に加えて，中期英語（ME）の時代にフランス語の *par* の影響で「…で」「…によって」という手段・行為者の意味が生じた。

(6) She ruined her health **by** studying too much.
　　（彼女は勉強しすぎて体をこわした）

(7) He came **by** train yesterday.
　　（彼はきのう電車で来た）
　　☞ 類例: by land（陸路）／by sea（海路）／by air（空路）／by plane（飛行機で）／by boat（船で）／by car（車で）／by bus（バスで）など。cf. on foot（徒歩で）［〈米〉には by foot もある］

(8) The building was destroyed **by** fire.
　　（その建物は火事で焼け落ちた）

(9) Water is changed into steam **by** heat.
　　（水は熱によって蒸気に変えられる）

(10) The thief was arrested **by** the police.

(その泥棒は警察に逮捕された)

(11) I want to learn the poem **by** heart.
(私はその詩をそらで覚えたい)

(12) He has two children (　　) his former wife.　(専修大)
(彼には前の妻から生まれた子どもが2人いる) [*by*]

(13) I was taken (　　) surprise, and was at a loss for an answer.　(関西大)
(私は不意を突かれて，答えに窮してしまった) [*by*]

(14) The moon was bright enough to read the newspaper (　　).　(大分大)
(月光は新聞が読めるほどの明るさだった) [*by*]

(15) He caught me **by** the collar.
(彼は私の襟首をつかんだ)

☞ 類例: catch him **by** the arm (彼の腕をとらえる) ／ shake him **by** the hand (彼と握手する) ／ pull him **by** the sleeve (彼のそでをひっぱる) ／ catch him **by** the hair (彼の頭髪をつかまえる)，など。Cf. kiss me **on** the forehead (私の額にキスする) ／ tap him **on** the shoulder (彼の肩をぽんとたたく) ／ choke her **in** the throat (彼女ののどを詰まらせる)，など。

[D] <u>基準の by</u>: 「手段の by」の一種；「... という基準によって」。

(16) Salt is sold **by** the pound.
(塩はポンド単位で売られる)

(17) A tree is known **by** its fruit.
(木はその実によりて知られる) [諺]

(18) It is half past nine **by** my watch.
(私の時計では9時半です)

(19) Bill is taller than I **by** a head.
(ビルは私よりも頭だけ背は高い)

(20) Jane is younger than I **by** three years.
(ジェーンは私よりも三つ年下だ)

(21) I missed my train **by** a minute.
(私は私は1分違いで電車に乗り遅れた)

(22) They can be counted **by** hundreds.
(それらは100をもって数えられる(ほど多い))
☞ 類例: come **by** thousands (何千となく来る) ／work **by** the hour (時間決めで働く) ／buy eggs **by** the dozen (卵を1ダースいくらで買う), など。

2.2.2. 慣用例

by accident / **by chance**「偶然, ふとしたことで」

(1) He fell into a river *by accident*.
(彼はふとしたことで 川に落ちた)

(2) I met Ann *by chance* at the airport.
(私はたまたま空港でアンと会った)

by day / **by night**「昼は／夜は」

(3) The sun gives light *by day*, and the moon *by night*.
(太陽は日中光を出し, 月は夜光を出す)

(4) Nocturnal animals sleep *by day* and hunt *by night*.

(OALD⁹)

(夜行動物は昼は眠り,夜狩りをする)

☞ この二つの句は,通例,このように対照的に用いる。

by far(比較級・最上級を強めて)「ずばぬけて,断然」

(5) This is *by far* the better of the two.
(二つのうちでこのほうが断然よい)

(6) This is *by far* the best of all.
(すべてのうちでこれが一番よい)

by all means!「(承諾の意を強めて)よろしいとも,ぜひどうぞ」

(7) "Can I bring Bill?" "*By all means!*"
(「ビルを連れてきてもいいですか」「ぜひどうぞ」)

by means of「...によって」

(8) He made a fortune *by means of* industry.
(彼は勤勉によって財産を作った)

by name「名前は」

(9) The professor wsa Barrow *by name*.
(その教授はバローという名前だった)
☞ 類例: by trade (職業は)／by birth (生まれは)。

by nature「生まれつき」

(10) Mary is cautious *by nature*.
(メアリーは生まれつき用心深い)

by no means「決して ... でない」

(11)　His explanation was *by no means* satisfactory.
　　　(彼の説明は決して満足のいくものではなかった)

by the way「ところで，ちなみに」

(12)　*By the way*, what are you going to do tomorrow?
　　　(ところで，あすはどうするつもりですか)

by way of「... を経由して」

(13)　He returned home *by way of* Europe.
　　　(彼はヨーロッパ経由で帰国した)

little by little「少しずつ」

(14)　*Little by little* his eyes adjusted to the light.　　(MED)
　　　(少しずつ彼の目はその明かりに適応していった)
　　　☞ 類例: day *by* day (日ごとに) ／one *by* one (一つずつ) ／
　　　step *by* step (1 歩ずつ) ／*by* degrees (徐々に)，など。

2.3.　FOR

2.3.1.　for の中核的意味

for の中核的な意味は〈目標〉である。

[**A**]　目標の for: "出発動詞"のあとに用いられる。

(1) He *started* for America yesterday. （九州産業大）
(彼はきのうアメリカへ向けて発った)

(2) Next month I shall *sail* (　) Europe. （文化女子大）
(来月私はヨーロッパへ船で発ちます) [*for*]

(3) Mrs. Jones is expected to *leave* (　) London next week. （昭和女子大）
(ジョーンズ夫人は，来週ロンドンへ発つ予定です) [*for*]

[**B**]　目的の for: 「目標の for」の一種。

(4) What does he want the money (　)? （小樽商大）
(彼はなんのためにその金が要るのか) [*for*]

(5) You should have an ideal to live (　)? （神戸商船大）
(きみたちは生きる理想を持たければならない) [*for*]

(6) What is it good (　)? （慶応大）
(それはなんの役に立つのか) [*for*]

(7) He always reads **for** amusement.
(彼はいつも娯楽本意に読書する)

(8) I cannot remember his name **for** the life of me. （東京外大）
(彼の名前がどうしても思い出せない)
☞「命拾いするためにも ... できない」が原義。

[**C**]　追求の for: 「目的の for」の一種。主に"追求動詞"のあとに用いられる。

(9) He *called* **for** beer. （東京医大）

(彼はビールをくれと言った)

(10) I was too proud to *cry* **for** help. (成城大)
(私は気位が高かったので助けを求めなかった)

(11) When I *felt* **for** my purse, I found it was gone.

(静岡大)

(財布を探ってみると, なくなっていた)

(12) I am *searching* **for** my lost purse. (慶応大)
(私は無くした財布を捜している)

(13) He was *looking* **for** his missing child.
(彼は行方不明になったわが子を捜していた)

(14) I am *waiting* **for** my friend. (武蔵大)
(私は友人を待っている)

「追求」の意味が, 名詞または形容詞で表されている場合もある。

(15) I had a great *longing* **for** home. (兵庫農大)
(私は故郷が大変なつかしかった)

(16) We are *anxious* **for** the news of your safe arrival.

(神奈川大)

(私たちは, あなたの無事到着の知らせを待ちわびています)

次の,「人に物を求める」という表現に見える for も「追求の for」である。

(17) You can *depend on* me **for** help. (慶応大)
(きみは私は援助を求めてもよい)

(18) Many people now *rely on* the Internet **for** news.

(LDCE)

(現在多くの人はニュースをインターネットに頼っている)

[**D**] 適性の for：「目的の for」の一種。

(19) The dress is not *fit* **for** the party.
(そのドレスはパーティー向きではない)

(20) Exercise is *good* **for** the body.
(運動はからだに良い)

(21) He's *just* the man **for** the position.
(彼はまさに適材適所だ)

次の for も，「適性の for」の一種である：「... として」「... のわりには」。

(22) Isn't it warm **for** the season night now? （神戸外大）
(このところ季節としては温かいじゃありませんか)

(23) She looks young **for** her age. （名古屋工大）
(彼女は年のわりに若く見える)

[**E**] 利益・賛成の for：「適性の for」の一種。

(24) Will you make tea (　　) me? （明治学院大）
(お茶を淹れてくれませんか) [*for*]

(25) I have bought a dog (　　) my son. （神奈川大）
(せがれに犬を買ってやった) [*for*]

(26) Are you **for** or against the plan? （姫路工大）
(きみはその案に賛成なのか反対なのか)

☞「賛成の for」の反意語は against である。

(27) I'm *all* **for** [＝I completely support] freedom of speech. (MED²)
(私は言論の自由に大賛成だ)

[F] 代用・交換の for: 「目的」の for の一種。

(28) This box will *serve* **for** a chair.
(この箱は椅子の代わりになる)

(29) In the Roman numerals, C *stands* **for** one one hundred. (横浜市大)
(ローマ数字では，C は 100 を表す)

(30) "Arbeit" is the German (　　) "work". (埼玉大)
(「アルバイト」は「仕事」に当たるドイツ語だ) [*for*]
☞ この場合，「交換の for」は「対応の for」に移っていく。

「交換の for」は，"売買動詞" のあとでよく起こる（大学入試に多出）。

(31) The house was *sold* **for** 700,000 yen. (久留米大)
(その家は，70万円で売られた)

(32) I *bought* this pen **for** five dollars last week. (姫路工大)
(先週このペンを 5 ドルで買った)

(33) You can *have* it **for** nothing. (慶応大)
(それはただでもらえる)

(34) You must repay him **for** his kindness. (東京芸大)
(きみは彼の親切に報いなければならない)

「もめる」「しかる」などの意味をもつ動詞のあとでも，「交換の for」がよく生じる。どちらも，何らかの行為の「お返しに報いる」ことを意味するからである。

(35)　We *praised* him **for** his faithfulness.　　　　（学習院大）
　　　（私たちは彼の誠実さをほめた）

(36)　She *blamed* John **for** his idleness.　　　　（専修大）
　　　（彼女はジョンが怠けるといってしかった）

(37)　She *thanked* him **for** his co-operation.　　　　（BNC）
　　　（彼女は彼の協力に対してお礼を言った）

また，(*mis*)*take* A *for* B（A を B とまちがえる）という言い方に現れる for も，「交換の for」の典型的な用法の一つである（大学入試に多出）。

(38)　I was *mistaken* **for** a thief.　　　　（福島医大）
　　　（私は泥棒とまちがえられた）

(39)　They often *take* me **for** my brother.　　　　（岐阜大）
　　　（みんなはよくぼくのことを弟［兄］とまちがえる）

(40)　I am often *taken* **for** a foreigner.　　　　（東京医大）
　　　（私はよく外国人とまちがえられる）

「代用の for」が，次の諸例では，A＝B であるところから「同等の for」へと発展している点に注意。

(41)　In this small village he *passes* **for** a wise man.
　　　　　　　　　　　　　　　　　　　　　　　　（神戸大）
　　　（この小さな村では，彼は賢人として通っている）

(42) The ship was *given up* **for** lost. (小樽商大)
(その船は行方不明になったものとしてあきらめられた)

(43) I don't know **for** *certain* if she's coming. (CALD)
(彼女が来るかどうかしかとは知りません)
☞「確かな」こととしてが原義。

(44) I went there **for** the first time this year. (東北薬大)
(私は今年はじめてそこへ行った)

[**G**] 理由の for:「交換の for」から発展。

(45) He is *famous* **for** his learning. (学習院大)
(彼は学識があるので有名だ)
☞ He is *praised for* his learning.(彼は学識をほめられている)[交換の for] と比較せよ。

(46) The young women of the district are *well-known* **for** beauty. (東京芸大)
(その地方の若い女性は美形で世に聞こえている)

(47) You will be *sorry* **for** this some day. (関西学院大)
(きみはいつかこのことを後悔するだろう)

(48) My shoes are much *the worse* **for** wear.
(私の靴はだいぶ履き古した)
☞「履いたためにそれだけいたんで」が原義。the worse の the は「それだけ」の意味の副詞。

(49) He did it **for** *my sake*. (慶応大)
(彼は私のためにそれをしてくれた)

[**E**] 主語の for:「利害の for」からの発達。It is *difficult* **for**

them to live together.（彼らが一緒に暮らすにはむずかしい）は，them のあとに休止（pause）を置くならば，「一緒に暮らすことは，彼らにとってむずかしい」という利害の意味が優先される。しかし，近代英語では，「利害」に意味のない場合にも，to 不定詞の主語を導く単なるしるしとしても広く利用されている。

(50) It was hard **for** *me* to do what I had in mind.

（成城大）

（私が意図していることを実行するのは私には困難だった）

☞ この例では，for me にはまだ「私にとって」いう原義が残っている。

(51) (　　) *him* to fail to come would be fatal to our plan. （東京家政大）

（彼が来ないと，私たちの計画はまるつぶれになる）[*For*]

(52) It is time (　　) *me* to go to my office. （東京芸大）

（会社へ行く（べき）時間だ）[*for*]

(53) Let us make a hole here (　　) the smoke to escape. （鹿児島大）

（煙が出られるようにここに穴をあけよう）[*for*]

(54) It is unusual **for** her door to be open.

（彼女の家のドアが開いているのは異常だ）

(55) Our aim is **for** students to master English.

（私たちの目標は，学生に英語をマスターさせることです）

(56) I hate **for** people to feel sad.

（私は人が悲しんでいるのはいやです）

NB 次の二つの文を比較してみよう。

(i) This problem is too difficult **for** Bill | *to solve*.
(この問題を解くのは, ビルには難しすぎる)

(ii) This problem is too difficult | **for** Bill *to solve it*.
(この問題は, ビルが解くには難しすぎる)

両文の solve の目的語 it の有無, および意味の違いは, | が示す休止 (pause) の置き方の違いにある点に注意。ちなみに, (i) 文のほうが (ii) 文よりも使用頻度が高いのは, なぜだろうか? それは, difficult, easy のような難易の形容詞は,「目的の for」と結びつきやすいからである。

[**F**] 広がりの for:「目標の for」から「... に向かって」→「... まで広がって」→「... の間」のように発展。

(57) They must have walked **for** at least three miles.

(MED^2)

(彼らは少なくとも3マイルは歩いたにちがいない)

(58) We drove **for** two hours till we came to a village.

(学習院大)

(私たちは2時間ドライブして, やがてとある村に着いた)

(59) The marriage must be put off **for** *the present*.

(早稲田大)

(結婚は当分延期しなければならない)

☞「広がりの for」は, 上例でわかるように,「距離」にも「時間」にも使用される。

2.3.2. 慣用例

account for「... を説明する」

(1) There is no *accounting for* tastes. (島根大)

(趣味を説明することはできない;「たで食う虫も好き好き」)

answer for「...の責任を負う」

(2) You will have to *answer for* your recklessness.

(福島医大)

(きみは向こう見ずなふるまいをした責任を負わなければなるまい)

but for (i) = if it were not for「...がなければ」

(3) *But for* your help, I could never succeed. (岡山大)

(きみの援助がなければ，私はとても成功できないだろう)

☞ 現在の事実に反する仮定を表す (仮定法過去)。

(ii) = if it had not been for「...がなかったならば」

(4) *But for* my presence of mind, he would have been killed by a passing car. (東京芸大)

(私が落ち着いていなかったなら，彼は通りかかった車にひかれて死んでいたことだろう)

☞ 過去の事実に反する仮定を表す (仮定法過去完了)。

care for (主に否定文・疑問文で)「...を好む」

(5) I don't *care for* such a novel. (福島医大)

(私はそんな小説はきらいだ)

(6) I have to say I don't much *care for* modern music.

(CALD[3])

(私は現代音楽はあまり好きじゃないと言わなければならない)

do for「... をやっつける」

(7) I am *done for*. 　　　　　　　　　　　　(埼玉大)
　　 (私はもうだめだ) [疲れ切っているなど]

except for「... があるのを除けば」

(8) I had nothing on *except for* my socks. 　　(OALD[8])
　　 (ソックス以外何も身につけていなかった)

(9) She felt fine *except for* being a little tired. 　(LDCE[5])
　　 (彼女は少し疲れているのを除けば, いい気分だった)

for all「... にもかかわらず」

(10) *For all* his complaining, I think he actually enjoyed the day. 　　　　　　　　　　　　　　　　(MED[2])
　　 (不平を言ったにもかかわらず, 彼はほんとにその日を楽しんだのだと思う)

for ever (**and ever**)「永久に; いつまでも」(= 〈米〉forever)

(11) I'll love you *for ever and ever*. 　　　　　(ALED)
　　 (いつまでもきみを愛するよ)

for example / **for instance**「たとえば」

(12) There is a similar word in many languages, *for example*, in French and Italian. 　　　　　(OALD[8])
　　 (多くの言語に類似の単語がある, たとえばフランス語とイタリア語である)

(13) He will earn, *for instance*, about twice as much as I earn.

(彼は,たとえば,私のおよそ2倍も儲けるだろう)

for fear of「...を恐れて」

(14) I didn't want to move *for fear of* waking her up.

(CALD³)

(彼女を目覚めさせてはいけないので私は動きたくなかった)

for the asking「頼みさえすれば」

(15) All our cataogues are free *for the asking*.　　(埼玉大)

(小社のすべてのカタログはお求めさえあれば無料でさしあげます)

for the purpose of doing「...する目的で」

(16) Mary wishes to go America *for the purpose of* study-*ing* music.　　(早稲田大)

(メアリーは,音楽を勉強するために渡米することを望んでいる)

for want of「...がないために」

(17) The attempt ended in failure *for want of* support.

(東京外大)

(その企画は援助がないために失敗に終わった)

long for「...を待ちこがれる」

(18) They all *longed for* the holidays.　　(慶応大)

(彼らはみんな休暇を待ちこがれた)

make allowance(s) for「...を斟酌する」

(19) You have to *make allowances for* him because he's tired. (OALD[8])
(彼は疲れているのだから斟酌してあげなければならない)

make up for「...を埋め合わせる」

(20) We must *make up for* lost time. (東京外大)
(私たちは無駄にした時間の埋め合わせをしなければならない)

mistake A for B「A を B とまちがえる」

(21) I *mistook* you (　　) your brother. (東京水産大)
(きみを弟さんとまちがえました) [*for*]

so much for「...はこれでおしまい」

(22) *So much for* roses, now about lilies.
(バラの話はこれくらいにして, さて次はユリについて話しましょう)

2.4. FROM

2.4.1. from の中核的意味

from の中核的意味は, 〈起点〉(source) である。

[A] 起点の from: 起点の from は，空間的・時間的にも，抽象的にも用いられる。

(1) He has just *come back* **from** America.
（彼はアメリカから帰ってきたばかりだ）

(2) Then he locked all the windows **from** *within*. （岐阜大）
（それから彼は，家のすべての窓に内側から錠を下ろした）

(3) Mr. Fitzgerald is **from** Ireland.
（フィッツジェラルド氏はアイルランド出身だ）

(4) He *borrowed* a novel **from** the library. (CALD³)
（彼は図書館から小説を借りた）

(5) He often *orders* books **from** England. （宮崎大）
（彼はよく本をイギリスに注文する）
☞ 大学入試に多出。order は get ... from ～（～から...を買う）という意味だから，get ... to ～ としない。類例：buy ～ from ...（...から～を買う）／expect ～ from ...（...から～を期待する）／borrow ～ from ...（...から～を借りる）など。

以上は「空間的な起点」を示す from の例であり，次は「時間的な起点」を示す from の例である。

(6) I will work hard **from** *this day forth*.
（きょうからは精出して働きます）

(7) I have known him **from** *a chilld*.
（私は（彼の）子どものころから彼を知っている）

次例は「抽象的な起点」を示している。

(8) He *recovered* **from** illness. (京都学芸大)
(彼は病気が治った)

(9) I *derived* a good deal of pleasure **from** attending football games. (横浜市大)
(私はフットボールの試合を見に行って大変おもしろかった)

次の原料の from も,「起点の from」の一種である。

(10) Wine *is made* **from** grapes. (信州大)
(ぶどう酒はブドウから造られる)
☞ be made of との比較は, p. 149 を参照。

[**B**] <u>分離の from</u>:「起点の from」の一種。"分離"の意味は, from の前に置かれた動詞・形容詞から出てくる。

(11) He has *parted* **from** his wife. (LDCE[5])
(彼は妻と別れた)

(12) My wallet *was taken* **from** my pocket at the checkout counter.
(私の財布は, レジのところでポケットから盗まれた)

(13) Three **from** three leaves nought. (東京医大)
(3から3を引くと0になる) [nought =《米・豪》zero]

(14) Mr. Smith ought to *be excused* **from** the work.
(岩手大)
(スミスさんは, その仕事を免除してあげなければならない)
☞ 類例: *free* the mind *from* anxiety (心から心配を取り除く) / *release* a person *from* duty (人を義務から解放する) などの"免除動詞"はすべてこのパタン。

(15) An umbrella *protects* us **from** the rain. (兵庫農大)

☞ 類例: *defend* him *from* evil（彼を悪から守る）／*shelter* it *from* wind and rain（それを風雨から守る）などの"保護動詞"もこのパタン。

(16) The bad weather *prevented* us **from** taking a trip.

(昭和女子大)

（悪天候のため旅行ができなかった）

☞ 類例: *hinder* me *from* coming（私が来るのを妨げる）／*keep* him *from* starting（彼が出発するのを妨げる）／*prohibit* minors *from* smoking（未成年者がタバコを吸うのを禁止する）／His age *disables* him *from* working.（彼は年をとって仕事ができない）などの"妨害動詞"もこのパタンをとる。大学入試に多出。

(17) How do you *know* butter **from** cheese？ (岡山大)

（バターとチーズをどうやって見分けしますか）

☞ 類例: *distinguish* right *from* wrong（正邪を区別する）／*tell* A *from* B（A と B とを区別する）などの"区別動詞"もこのパタン。大学入試に多出。次例もこれに準じる。

(18) He is *different* **from** what he used to be. (四国学院大)

（彼はむかしの彼とは違っている）

(19) His views *differ* considerably **from** those of his parents. (CALD[3])

（彼の見解は両親のとはかなり異なっている）

[C] 原因の from:「起点の from」からの派生（...が起点となって）。「原因・根拠」を表す。

(20) He was taken ill (　) drinking too much.

(和歌山医大)

(彼は大酒を飲んだのがもとで病気になった) [*from*]

(21) I am very tired (　) the hard work.　(学習院大)

(そのきつい仕事でひどく疲れた) [*from*]

(22) He became insane (　) grief.　(東京芸大)

(彼は悲しみのあまり気が狂った) [*from*]

(23) **From** what I hear, he seems to be very clever.

(私の聞いたところでは，彼はなかなか利口者らしい)

2.4.2. 慣用例

absent oneself **from**「…を欠席する」

(1) You must not *absent yourself from* the class under any circumstances.　(群馬大)

(きみはどんな事情があっても授業を欠席してはいけない)

be absent from「…を欠席する」

(2) He *was absent from* the party.　(専修大)

(彼はそのパーティーを欠席していた)

far from「…どころか」(強い否定)

(3) The fruit is *far from* ripe.　(慶応大)

(その果物はちっとも熟していない)

(4) Though he is rich, he is *far from* being happy.　(防衛大)

(彼は金持だけれども，少しも幸福ではない)

☞「far from (being) + 形容詞」の場合，being は省略できる。

free from「... から免れて → ... がない」

(5) We cannot be completely *free from* troubles in life.

(文化女子大)

(私たちは,人生の悩みがまったくないというわけにいかない)

from hand to mouth「その日暮らしで」

(6) He is poor and lives *from hand to mouth*.

(彼は貧しくてその日暮らしだ)

hear from「... から手紙をもらう」

(7) I *hear from* him now and then.

(彼からはときどき便りがある)

keep away from「... に寄りつかない」

(8) *Keep away from* that dangerous building. (学習院大)

(あの危険な建物に寄りつかないようにしなさい)

refrain from (**doing**)「...(するの)を差し控える」

(9) They could not *refrain from* laughing. (和歌山医大)

(彼らは笑いを抑えることができなかった)

2.5. IN

2.5.1. in の中核的な意味

in の中核的な意味は,あるものが容器の〈内部〉にあることを

表す。

[A] 場所の in: 「...の中に」

(1) He lives **in** London.
(彼はロンドンに住んでいる)

(2) This is a doll made **in** England.　　　　(福井大)
(これはイギリス製の人形です)

(3) Which part of Japan were you born (　　)?
　　　　　　　　　　　　　　　　　　　　　　(東北薬大)
(あなたは日本のどのあたりで生まれましたか) [*in*]

(4) The sun rises (　　) the east.　　　(九州産業大)
(太陽は東から上る) [*in*; from は誤り]

(5) Do you prefer to sit (　　) the dark?　　(群馬大)
(きみは暗がりに座っているほうがいいのですか) [*in*]

(6) Put it (　　) the corner.　　　　　(明治大)
(それを隅に置いておきなさい) [*in*]

(7) I have found a friend (　　) him.　　(久留米大)
(私は彼という友を得た) [*in*]
☞「彼の中に友人を見いだした」が原義で, him はやはり見いだした"場所"を示している。

[B] 時間の in: year, month, season のように「ある長さをもった時間」について用いる (時点は at (§2.1.1.);「...の期間内に」)。

(8) Were you born **in** April?　　　　　　　　　　(津田塾大)

(あなたは4月生まれですか)

(9) (　) summer, I usually go to the sea.　　　(女子美大)

(夏場にはたいてい海へ行きます) [*In*]

(10) Thereare some people who sleep (　) the daytime and work (　) night.　　　　　　　　(岩手大)

(昼間寝て，夜働く人もいる) [*in*; *at*]

☞ daytime は「長さ」をもった時間としてとらえられ，night はあたかも「時点」のようにとらえられている。

in が未来の時を示す場合，「...たって」の意味になる（大学入試に多出）。

(11) The exams are **in** six weeks' time.　　　　(MED[3])

(試験は6週間後にある)

(12) I shall be ready **in** a moment.

(すぐ用意ができます)

(13) I shall be back (　) a few days.　　　　　(大阪薬大)

(2, 3日したら帰ってきます) [*in*]

(14) The task will be finished (　) two or three days more.　　　　　　　　　　　　　　　(早稲田大)

(その仕事は，あと2, 3日すれば完成するでしょう) [*in*]

[C] **範囲の in**:「場所の in」の一種;「...の点で」。

(15) He is weak (　) English.

(彼は英語が弱い) [*in*]

(16) There is nothing bad (　) doing so.　　　(神戸商船大)

(そうしたって何もいけないことはない) [*in*]

(17) We shall have an examination (　) English next week. 　　　　　　　　　　　　　　　　　　(関西学院大)

(来週英語の試験があります) [*in*]

(18) He is sadly lacking [wanting] **in** common sense.

(彼は常識がひどく欠けている)

(19) We were deceived **in** our expectations.

(私たちは期待を裏切られた)

(20) Are you interested **in** sports? 　　　　　　　　(芝浦工大)

(あなたはスポーツに興味がありますか)

☞ be interestted in「... に興味をもっている」は大学入試に多出。

(21) He increased (　) wisdom with the increase of age. 　　　　　　　　　　　　　　　　　　(奈良学芸大)

(彼は年をとるにつれて知恵が増した) [*in*]

[**D**] 形状の in: 場所の代わりに、"形状名詞"を目的語として;「... という形で」「... をなして」。

(22) The teachers tresigned **in** *a body*.

(教師たちは一団となって辞職した)

(23) The rain came down **in** *torrents*.

(雨は土砂降りに降ってきた)

(24) They were sitting **in** *a circle*.

(彼らは車座に座っていた)

(25) The villa is **in** *flames*. 　　　　　　　　　　　(立教大)

(別荘は炎に包まれている) [= on fire]

(26) They went away ( ) *twos and threes*.　　　　　(香川大)

(彼らは2, 3人ずつ［三々五々］立ち去った)［in］

[**E**] 状態の in: 場所の代わりに，"状態名詞" をとって；「...の状態に」。

(27) They live **in** *comfort*.　　　　　(明治大)

(彼らは安楽に暮らしている)［安楽に包まれて，といった感じ］

(28) The house is **in** *course of* construction.　　　　　(島根大)

(その家は建築中である)

(29) I forgot everything **in** my *hurry*.　　　　　(西南学院大)

(あわてたあまり何もかも忘れてしまった)

(30) The meeting was held **in** *secret*.　　　　　(京都府大)

(その会合は秘密裏に催された)

(31) Put your room **in** *order*.　　　　　(神奈川大)

(あなたの部屋を整頓しなさい)

(32) A man of perverse temper likes to see others **in** *trouble*.　　　　　(明治大)

(ひねくれ者は，他人が困っているのを見るのを好む)

[**F**] 服装の in: 「場所」の一種。「in＋服装名詞」で，「(服)に包まれて，(服)を着て」となる。

(33) This princess was dressed **in** green *silk*.　　　　　(姫路工大)

(このお姫様はグリーンの絹の服を着ていた)

(34) The boy kept his eyes on the man **in** *a* black *coat*.

(佐賀大)

(少年は黒い上着を着た男にじっと目を注いでいた)

(35) Jimmy perceived a girl (　　) *white* standing there.

(東北薬大)

(ジミーは白衣の少女がそこに立っているのに気づいた) [*in*]
☞ 大学入試に多出。類例: a man *in* his shirt sleeves (Yシャツを着た男) / a boy *in* brown shoes (茶色の靴をはいた少年) / a man *in* a wig (かつらをつけた男性)。

[**G**]　道具・材料の in:「... を用いて, ... で」

(36) The statue was cast **in** *bronze*.
(その像はブロンズで鋳造されていた)

(37) He did not write it (　　) *ink*, but with a pencil.

(香川大)

(彼はそれをインクではなく, 鉛筆で書いた) [*in*]
☞ *with* ink とは言わない。

(38) The conversation was carried **in** *a low tone*.

(横浜市大)

(会話は低い調子で行われた)

(39) You must speak **in** *a loud voice*.　　(東京外大)
(きみは大きい声で話さなくてはならない)

(40) He wrote a treatise on psychology **in** *English*.

(北九州大)

(彼は心理学の論文を英語で書いた)

(41) Do it **in** *whatever manner* you can.　　(芝浦工大)
(それをどんなふうでもやってごらん)

2.5.2. 慣用例

be absorbed in「...に没頭している」

(1) He *is* terribly *absorbed in* his work on bacteria.

(群馬大)

(彼はバクテリアの研究にすっかり没頭している)

be engaged in「...に従事する」

(2) He *is engaged in* literary work.
(彼は著述に従事している)

believe in「...の存在を信じる；...の価値を信じる」

(3) I do not *believe in* ghosts. (東京水産大)
(私は幽霊の存在を信じない)

(4) The Japanese *believe in* education.
(日本人は教育の価値を信じている)

(5) I don't *believe in* hitting children. (OALD[9])
(私は子どもをぶつことがいいとは思わない)

次例は，believe in の変形である。

(6) He has a strong *belief in* his religion. (福島大)
(彼は自分の宗教を強く信じている)

(7) I have no *faith in* whatever he tells me. (北海道大)
(私は彼が言うことはどんなことでも信用しない)

consist in「...に存する，...にある」

(8) Happiness *consists in* contentment. (電子工大)
(幸福は満足することにある)
☞ 比較: A week *consists of* seven days. (一週は7日から成る)。

deal in「(品物)を商う」

(9) They *deal in* fish and meat. (近畿大)
(あの店では魚と肉を商っている)
☞ 比較: He is a hard man to *deal with*. (彼は扱いにくい人物である)。

delight in / rejoice in「... を喜ぶ」

(10) I *delight in* a good novel. (東海大)
(私は良い小説を喜んで読む)
(11) We *rejoiced in* our good fortune. (LDCE[5])
(私たちは幸運を喜んだ)

find [have] difficulty in「... に困難を覚える」

(12) I *found difficulty in* reading this letter because the writing was so bad. (東京芸大)
(文字がとても汚いのでこの手紙を読むのに苦労した)

in accordance with「... に従って」

(13) He acted *in accordance with* your instructions.
(明治薬大)
(彼はあなたの指図どおりに行動した)

in case of「... の場合は」

(14)　*In case of* any difficulty, don't forget to write to me.
　　　　　　　　　　　　　　　　　　　　　　　　（早稲田大）
　　　（何か困ったときには，忘れずにお便りください）

in comparison with「... と比べて」

(15)　This is far better *in comparison with* that.　（共立薬大）
　　　（これはそれと比べるとずっと良い）

in consequence of「... の結果」

(16)　Animals have died *in consequence of* coming iinto contact with this chemical.　　　　　　（LDCE[5]）
　　　（この化学薬品と接触した結果，動物が死んでいった）

in exchange for「... と交換に」

(17)　I am giving him Japanse lessons *in exchange for* English lessons.　　　　　　　　　　（横浜市大）
　　　（ぼくは英語と交換に彼に日本語を教えています）

in fun「冗談に，ふざけて」

(18)　I did tease her, but only *in fun*.　　　　　（MED[2]）
　　　（たしかに彼女をいじめたけれど，ふざけただけさ）

in general「一般に」（↔ *in particular*）

(19)　I get up early *in genaral*.　　　　　　　　（國學院大）

(私はたいてい早起きします)

in honor of「...に敬意を表して，...のために」

(20) A welcome meeting was held *in honor of* Mr. Smith.
(早稲田大)

(スミス氏のために歓迎会が催された)

in memory of「...の記念に」

(21) A monument was erected *in memory of* the president. (東京外大)

(大統領を記念してモニュメントが建てられた)

in need of「...を必要として」

(22) He had been badly *in need of* money. (東京芸大)

(彼はひどく金を必要としていた)

in one's **element**「あるべき所にいる，本領を発揮して」

(23) He is *in his element* when talking about politics.
(西南学院大)

(彼は政治を論じているときはまるで水を得た魚のようだ)

in order to do / **in order that ... may** do「...するために」(格式体)

(24) He wiped his spectacles *in order to* [*in order that* he *might*] see better.

(彼はもっとよく見るために眼鏡を拭いた)

in particular「特に」($\leftrightarrow$ *in general*)

(25) I am going nowhere *in particular*.
(特にどこにも行くつもりはありません)

in spite of「…にもかかわらず」

(26) They watched the game *in spite of* the severe cold. (早稲田大)
(彼らはきびしい寒さにもかかわらず試合を見守った)

(27) She laughed *in spite of* herself.
(彼女は思わず笑いだした)

in terms of「…によって，…の点から」

(28) He tried to explain mysteries *in terms of* physical laws. (東京外大)
(彼は種々の不思議を物理の法則から説明しようとした)

in that「…という点で，…なので」

(29) I like him *in that* he is honest and candid. (慶応大)
(私は彼が正直で率直なので好きだ)

in the absence of「…のいないときに」

(30) He insulted me openly *in the absence of* others. (岐阜大)
(彼は他人がいないときに私をおおっぴらに侮辱した)

(31) Has anybody called on me *in my absence*?

(私の留守中に誰か訪ねてきましたか)

in the capacity of「...の資格で」

(32) He attended the meeting *in the capacity of* managing director. (西南学院大)

(彼は専務取締役の資格でその会合に出席した)

in the course of「...の間に，...中に」

(33) *In the course of* our conversation, he referred to his youth. (早稲田大)

(私たちの談話中に彼は若いときのことに触れた)

in the direction of「...の方向へ」

(34) He was walking *in the direction of* the park.

(早稲田大)

(彼は公園の方へ歩いていた)

☞ *to* the direction of は誤り。

in the habit of doing「...する習慣で」

(35) She is *in the habit of* tak*ing* a walk before breakfast.

(昭和女子大)

(彼女は朝食前に散歩をする習慣がある)

in the way of「...の方面の」

(36) Hollywood fashions *in the way of* clothing are servilely imitated by the Japanese. (埼玉大)

(服装面のハリウッドの流行を日本人は卑屈にまねている)

in time「やがて」

(37) Little and often makes a heap *in time*.　　　　(島根大)
(少しでもたびたびためていけば，やがて山となる；「塵も積もれば山となる」)［諺］

in time for「...に間に合って」

(38) He always arrives *in time for* class.　　　　(早稲田大)
(彼はいつも授業に間に合うように到着する)

look a person **in the face**「人の顔をまともに見る」

(39) He *looked* me full *in the face*.　　　　(國學院大)
(彼は私の顔をまともに見た)

in short「要するに」

(40) The man, *in short*, is not to be trusted.
(あの男は要するに信用できない)

specialize in「...を専攻する」

(41) The study which Mr. Smith *specializes in* is Economics.　　　　(上智大)
(スミス氏が専攻する学問は経済学です)

succeed in「...に成功する」

(42) He was fortunate enough to *succeed in* his plan.

(福島医大)

(彼は幸運にもその企画が成功した)

take part in「... に参加する」

(43) John *took part in* the games. (明治学院大)

(ジョンはその試合に参加した)

take [feel] pride in「... を誇りとする」

(44) He *felt* no *pride in* his vast knowledge. (東京芸大)

(彼は自分の膨大な知識を誇りとしなかった)

2.6. OF

2.6.1. of の中核的な意味

of の中核的な意味は〈起源〉である (of は語源的には off の弱まり形である)。

[A] 起源・出所の of:「... から」「尋ねる」「出身」などの意味の動詞とともに (大学入試に多出)。

(1) He *asked* it (　　) me. (信州大)

(彼はそれを私に尋ねた) [*of*;「私から」の意]

(2) May I *ask* a favor (　　) you? (姫路工大)

(あなたにひとつお願いがあるのですが) [*of*]

(3) You may *ask* a question (　　) that teacher.

(関西学院大)

(きみはあの先生に質問したらいい)[*of*]

(4) Much *is expected* (　　) us Japanese students as regards the future well-being of our country.

(東京家政大)

(わが国の将来の繁栄について私たち日本人学生は多くを期待されている)[*of*]

(5) He *inquired* (　　) me the reason of my long absence. (岩手大)

(彼は私が長いこと休んでいた理由を私に尋ねた)[*of*]

(6) I will do what *is required* (　　) me. (名城大)

(私は自分に求められていることをやります)[*of*]

(7) He *comes* **of** good stock.

(彼はいい家柄の出だ)

(8) He *was born* **of** poor parents.

(彼は貧しい家に生まれた)

起源・出所の of は、慣用句にも利用されている。

(9) He did it **of** *his own free will*.

(彼は自ら進んでそれをやった)

☞「自分の自由意志から」が原義。

(10) **Of** *course* I'll help you if you want me to.

(あなたがお望みなら、もちろんご援助します)

☞「当然の成り行きから」が原義。類例: *of* necessity(必然的に)／*of* one's own accord(自ら進んで), など。

(11)　We came *within a few miles* **of** the sea.

　　　(私たちは海から数マイル以内の所へやって来た)

(12)　Your answer is quite *wide* **of** the mark.

　　　(きみの答えはまったく的を外れている)

[**B**]　<u>原因の of</u>: 「起源の of」の一種。動詞とともに。

(13)　He *died* **of** fever.　　　　　　　　　　　　(香川大)

　　　(彼は熱病で亡くなった)

(14)　This room *smells* **of** paint.　　　　　　　　(神戸大)

　　　(この部屋はペンキのにおいがする)

　　　☞「ペンキのためににおう」が原義。

(15)　This wine *tastes* **of** the cork.

　　　(このブドウ酒はコルクの味がする)

(16)　The child quickly *tired* **of** his new toys.　　(三重大)

　　　(その子どもは新しいおもちゃにすぐ飽きた)

　　　☞ I am *tired of* walking. (散歩に飽きた) も同類。比較：I am *tired from* [*with*] walking. (散歩で疲れた)。

"感情形容詞"とともに。「...のためにある感情を起こしている」の意味。

(17)　The girl is *afraid* **of** the dog.　　　　　　　(近畿大)

　　　(少女はその犬を怖がっている)

(18)　He was *proud* **of** his success.　　　　　　　(福井大)

　　　(彼は自分の成功を誇りとしていた)

(19)　He is now *ashamed* **of** his conduct.　　　　　(近畿大)

　　　(彼はいまや自分の行為を恥じている)

(20) They were *glad* **of** the chance to finally get some sleep. (LDCE⁵)

(彼らはついに少し眠る機会が得られて喜んだ)

[**C**] <u>材料の of</u>:「起源の of」の一種。

(21) Man *consists* **of** body and soul. (関西大)

(人は肉体と精神から成る)

(22) The suit he had on *was made* **of** imported wool.

(青山学院大)

(彼が着ている服は輸入品のウールから仕立ててあった)

(23) A sentence *is made up* **of** different kinds of words.

(姫路工大)

(文は異なった種類の語から成り立っている)

(24) The committee *is composed* **of** five students.

(武蔵工大)

(その委員会は5人の学生から構成されている)

「材料の of」のうちでも，*make* A *of* B「B から A を作る → B を A にする」という構文は，利用度が非常に高い（事実，大学入試でも多出されている）。

(25) This bridge *is made* **of** stone.

(この橋は石でできている)

(26) I'll *make* a teacher **of** you. (東北薬大)

(おまえを教師にしてやろう)

(27) Hunger *makes* a thief **of** any man. (拓殖大)

(ひもじくなると誰でも盗みをする)

(28)　You *are making* a fool **of** yourself.　　　　（京都学芸大）

　　　（きみは馬鹿なまねをしている）

　　　☞「きみを材料にして馬鹿者を仕立てあげている」が原義。

次の慣用句も 'make A of B' のパタンに準じるものである。

(29)　Let us *make the best use* **of** our natural abilities.

　　　　　　　　　　　　　　　　　　　　　　　　　　（東京芸大）

　　　（持って生まれた才能をできるだけ利用しよう）

(30)　I don't *think much* **of** it.　　　　　　　　（東京芸大）

　　　（私はそれを大したものとは思わない）

[**D**]　<u>分離の of</u>:「起源・出所の of」からの発展。[*rob* 人 *of* 物]「人から物を奪い取る」のタイプ（大学入試に多出）。

(31)　The pickpocket *robbed* the man **of** his purse.

　　　　　　　　　　　　　　　　　　　　　　　　　　（広島工大）

　　　（すりはその男から財布を奪い取った）

(32)　I was *robbed* **of** my purse in the car.　　（福岡学芸大）

　　　（私は電車の中で財布を盗まれた）

(33)　The street *was cleared* **of** snow.　　　　（大分大）

　　　（通りから雪が取り除かれた）

(34)　I can't *cure* myself **of** this habit so easily.　　（岡山大）

　　　（私はこの癖をそう簡単に治してしまうことができない）

(35)　They *deprived* him **of** his right.　　　　（福島医大）

　　　（彼らは彼から権利を奪った）

(36)　I will *ease* you **of** your burden.　　　　（和歌山医大）

　　　（君の重荷を除いて楽にしてあげよう）

(37) I *was relieved* **of** acute pain. (明治大)
(私は激痛を取り除いてもらった)
☞ I cannot *get rid of* my cold.（風邪を治すことができない）の rid は rid の過去分詞で，*be cured of*（(病気)が治る）などと同じタイプに属する。

「分離の of」は，「形容詞＋of」(...がない) のタイプにも使用される。

(38) His old age is *devoid* **of** comfort.
(彼の老後は楽しみがなかった)
(39) Don't use words *empty* **of** meaning. (関西学院大)
(意味のない言葉を使うな)
(40) The street was quite *empty* **of** traffic.
(通りはすっかり通行が絶えていた)
(41) He is *independent* **of** his father. (慶応大)
(彼は父親のすねをかじっていない)
(42) He is very *short* **of** money. (女子美大)
(彼はひどく金が不足している)

[E] 行為者の of: 「起源・出所の of」から，動作がどこから来たかを示すもので，次のタイプの構文に現れる（大学入試に多出）。

(43) *It is* very *kind* **of** *you* to help me. (京都女子大)
(お助けくださってどうもありがとう)
☞「助けてくれたのはあなたから出た親切の行為である」が原義。It is のあとには人の行為を批評する形容詞 (kind, clever,

foolish, etc.) がくる。OED は It was *kind of* you to help him. を 'a kind act or thing done by you' と説明している。

(44) *It was foolish* **of** *you* to do so. (慶応大)
(君があんなことをしたのは愚かだった)

(45) *It is nice* **of** *you* to come. (一橋大)
(よくいらっしゃいました)

(46) *It is clever* **of** the boy to see the point. (小樽商大)
(その要点がわかったとはその子も利口だね)

過去の行為は，that で指す。

(47) *That* was very kind **of** you.
(あんなことをしてくださってどうもありがとう)

[F] 連結の of: ME 期にフランス語の de の影響で発達してきた用法。'A of B' の形式で，おおむね，「B の A」と訳せるが，その「の」は，A と B との間に存在する意味関係によって，次のように分析できる。

(i) A が B に所属している場合。

(48) Have you a house **of** *your own*?
(きみには自分の家がありますか)

(49) I wish to see the sights **of** *Kyoto*.
(私は京都見物がしたい)

(50) Two **of** *a trade* seldom agree. (島根大)
(商売敵はめったに意見が合わない) [諺]
☞ 類例: the King *of England* (イギリス王)／the stillness *of*

the night (夜の静けさ) ／ the reason *of life* (人生の理由) ／ the topic *of conversation* (会話の話題)，など。

(ii) A が B の部分をなす場合。

(51) He has lost two **of** *his children*.
(彼は子どものうち2人を失った)

(52) John is the taller **of** *the two*.
(2人のうちでジョンのほうが背が高い)

(53) (　) those three men, I would vote for Mr. Smith.
(青山学院大)
(この3人にうちで私はスミス氏に投票したい) [*Of*]

(54) Tokyo has many parks, (　) which Hibiya Park is most famous.
(東京にはたくさんの公園があるが，そのうちで日比谷公園が最も有名だ) [*of*]

(55) Last evening *some friends* **of** mine called on me.
(佐賀大)
(ゆうべ私の友人が何人か訪ねてきた) [*some of* my friends とも言う]

(iii) A と B とが同一物を指している場合 ("同格" の of)。

(56) I was born in the good old *city* **of** *London*.
(私はなつかしのロンドン市で生まれた) [ロンドンという街]
☞ 類例: the continent *of* Africa (アフリカ大陸) ／ the lake *of* Michigan (ミシガン湖) ／ the month *of* June (6月)，など。

(57) She does not like the idea **of** people seeing her.

(名古屋工大)

(彼女は人々に見られると思うといやなのだ)

(58) I am so glad to have the opportunity **of** meeting you. (東京芸大)

(あなたにお目にかかる機会を得て，非常にうれしく思います)

(59) I don't like that long nose **of** Tom's.

(トムのあの長い鼻がきらいだ) [that long nose which is Tom's; 部分の of ではない]

(60) Ann was thin, *a* very *umbrella* **of** *a* woman. (拓殖大)

(アンはやせていて，まさにコウモリガサのような女性だ)

☞ 類例：*an angel of a girl* (天使のような少女) ／ *an oyster of a man* (カキのように口数の少ない男) ／ *a mountain of a wave* (山のように高い波)，など。不定冠詞に注意。

(iv) B が A の主語である場合。

(61) You can hear the deep roar **of** *the ocean*.

(深く太い海の雄叫びが聞こえるでしょう)

(62) This is the first phonograph **of** *Edison*.

(これはエディソンが発明した最初の蓄音機です)

☞ 類例：he tragedies *of Shakespeare* (シェイクスピアの悲劇) [Skakespeare's tragedies のほうが普通] ／ the "Iliad" *of Homer* (ホーマーのイリアッド) [Homer's "Iliad" のほうが普通]。

(v) B が A の目的語である場合（「ブリテンの征服」→「ブ

リテンを征服」)。A は主に他動詞出身の動名詞または動作名詞。

(63) The Roman *conquest* **of** Britain was neither quick nor painless.
(ローマによるブリテンの征服は素早くもなければ造作もないものでもなかった)

(64) The *writing* **of** the lettter took me two hours.
(その手紙を書くのに 2 時間かかった)

(65) I am now in *search* **of** a house.
(目下, 家を捜しています)

(66) The *discovery* **of** America by Norsemen had done five centuries before Christopher Columbus.
(古代北欧人によるアメリカの発見は, クリストファー・コロンブスよりも 5 世紀以前になされていた)

(vi) B が A の性質を説明している場合。「of + 名詞」で形容詞の相当する (たとえば, a man *of ability* = an *able* man (有能な人) ／ a thing *of value* = a *valuable* thing (価値のある物))。

(67) She looked at him with a air **of** *surprise*. （京都府大）
(彼女は驚いたような様子で彼を見た) [= surprised]

(68) I had bore me a task **of** *no little difficulty*. （岐阜大）
(前途になかなか困難な仕事が控えていた) [= very difficult]

'A of B' の of B が A から離れて, たとえば, 'A is of B' のように, "述語的" に用いられる場合も多い。

(69) It is **of** *no importance*. (慶応大)
(それは重要ではない) [=not important]

(70) He was **of** *great service* to me. (兵庫農大)
(彼は私に非常に尽くしてくれた)
[=very obliging, 〈古語〉greatly serviceable]

(71) The fact is **of** *scientific interest*. (和歌山医大)
(その事実は科学的に見ておもしろい)
[=scientifically interesting]

[**G**] 関連の of: ある動作の"主題"を示す (「... について」)。

(i) speak of のタイプ。

(72) The next day he *spoke* **of** it to his brother. (東京芸大)
(その翌日彼はそのことを弟に話した)

(73) He *complained* **of** a pain in the head. (北九州大)
(彼は頭痛を訴えた)

(74) Did you *hear* **of** Jimmy's hobby? (佐賀大)
(きみはジミーの趣味のこと聞きましたか)

(75) I *know* **of** him, of course; but I don't know him.
(横浜市大)
(私はむろん彼のことは聞いているが, 知り合いじゃない)

(76) What do you *think* **of** our new teacher?
(今度の先生のことどう思うかね)

(77) Don't *speak ill* **of** the absent. (広島工大)
(いない人のことを悪く言うもんじゃない)

(78) He is *well spoken* **of**. (京都学芸大)
(彼は評判がいい)

☞ He is *spoken well of.* の語順はまれ。

(79) The same is *true* **of** the nation. （和歌山大）
(同様なことが国家についてもあてはまる)

(80) What has *become* **of** him? （名古屋工大）
(彼はどうなったのか)
☞「彼についてはどんなことが起こったのか」が原義（OED）。

(ii) swift of foot「足が速い」のタイプ（='in respect of'）。このタイプは固定していて，数も限られている。

(81) He is **hard of** hearing. （早稲田大）
(彼は耳が不自由だ)
☞ 比較: *quick of* hearing（耳が鋭い）。

(82) She is *difficult* **of** access. （和歌山医大）
(彼女は近づきにくい)

(83) He is *swift* **of** foot.
(彼は足が速い)

(iii) 「inform 人 of 事柄」（人にある事柄を知らせる）のタイプ。使用頻度が高く，大学入試にも多出。

(84) He telephoned to *inform* her **of** his success. （島根大）
(彼は電話して自分が成功したことを彼女に知らせた)

(85) This picture *reminds* me **of** my childhood. （東京外大）
(この写真を見ると私の幼年時代のことを思い出す)

(86) They *accused* him **of** theft. （東京水産大）
(彼らは盗みのかどで彼を訴えた)

(87) You have *persuaded* me **of** your innocence. （信州大）

(きみは自分の潔白を私に納得させた)

このタイプの受身は，次のようになる。

(88) I have *been informed* **of** the news. (東京芸大)
(私はそのニュースのことを知らせてもらいました)

(89) I *am* fully *convinced* **of** its truth. (武蔵工大)
(私はそれが真実であることを十分に確信している)

(90) I *was reminded* **of** my promise at the sight of you.

(福島大)

(きみの姿を見て自分がした約束を思い出した)

2.6.2. 慣用例

(i) be sure of のタイプ。他動詞に相当するもの (= believe) が多い。

be aware of「... を気づいている」(= notice)

(1) We *were* well *aware of* his intentions. (慶応大)
(私たちは彼の意図に十分気づいていた)

be capable of「... できる」(= can)

(2) He *is* hardly *capable of* continuing such difficult work. (北海道学芸大)
(彼はそんな困難な仕事を続けることなんかとてもできない)

be careful of「... に気をつける」

(3) He *is* very *careful of* his health. (近畿大)

(彼は健康に非常に気をつけている)

be desirous of「... を望んでいる」(= desire)

(4) He *is desirous of* going there. (宇都宮大)
(彼はそこへ行くことを望んでいる)

be expressive of「... を表現している」(= express)

(5) His eyes *were expressive of* gratitude.
(彼の目は感謝の気持ちを表していた)

be fond of「... を好む」(= like)

(6) He *was fond of* ease and luxury. (三重大)
(彼は安楽と贅沢を好んでいた)

be full of「... に満ちている」

(7) His head *is full of* nonsense.
(彼の頭はばかげた考えでいっぱいだ)

be hopeful of「... を望んでいる」(= hope)

(8) The board *is* quite *hopeful of* securing further investment.
(重役会はさらなる投資を獲得できるものとすっかり期待している)

be ignorant of「... を知らない」(= do not know)

(9) He *is* too *ignorant of* the ways of the world. (岩手大)

(彼は世の習わしというものを知らなすぎる)

be in favor of「... に賛成する」(= approve)

(10) We *are in favor of* postponing the examination.
(私たちは試験を延期することに賛成だ)

be possessed of「... を所有している」(= possess)

(11) He *is possessed of* great wealth. (関西大)
(彼は大財産をもっている)

be productive of「... を生じる」(= produce)

(12) His conduct *was productive of* mischief. (和歌山医大)
(彼のふるまいは迷惑を生じるものだった)

be respectful of「... を尊重する」(= respect)

(13) We should *be respectful of* tradition. (京都薬大)
(私たちは伝統を重んじるべきだ)

be scared of「... を怖がっている」

(14) *Are* you *scared of* horses?
(きみは馬がこわいのか)

be sure of「... を確信している」(= believe)

(15) I *am sure of* his success. (國學院大)
(私は彼の成功を確信している)

☞ He *is sure to* succeed. (彼はきっと成功する)は, 彼の確

信ではなく,「話し手」の確信を表す。

be worthy of「... に値する」(= deserve)

(16) This book *is worthy of* careful study. 　　　　(名城大)
(この本は綿密な研究に値する)

(ii) その他のタイプ。

of a morning [Sunday, etc.]「朝に [日曜日に] (習慣), など」

(17) What do you do *of a Sunday*?
(日曜日には何をしますか) [= on Sundays]

(18) Here they meet *of an evening*.
(彼らは夕方ここで会う)
☞ 類例: *of* late (最近) / *of* old (昔は), など。

ahead of「... の前に」(位置・時間)

(19) You go *ahead of* me. 　　　　(佐賀大)
(先へ行ってください)

(20) He arrived 10 minutes *ahead of* schedule.
(彼は予定よりも 10 分早く到着した)

avail oneself of「... を利用する」

(21) You should *avail yourself of* the books in the library. 　　　　(東京外大)
(きみは図書館の本を利用すべきだ)

because of「... のゆえに, ... のために」

(22) *Because of* the draught vegetables are scarce this year.

(日照りのため今年は野菜が少ない)

dispose of「...を処分する」

(23) He has *disposed of* his collection of pictures. (慶応大)

(彼は絵の収集を売り払った)

instead of「...の代わりに」

(24) *Instead of* punishing him, they set him free.

(女子美大)

(彼を罰しないで自由にしてやった)

take advantage of「...を利用する，...につけ込む」

(25) You had better *take advantage of* the opportunity.

(立教大)

(きみはその機会を利用したほうがいい)

(26) I think she *takes advantage of* his good nature.

(CALD[3])

(思うに彼女は彼のお人好しのところにつけ込んでいるのだ)

take care of「...の世話をする」

(27) The children will be *taken* good *care of*. (神戸商船大)

(その子どもらは，十分面倒をみてもらえるだろう)

2.7. ON

2.7.1. on の中核的な意味

on の中核的な意味は，〈(表面との)接触 (contact)〉である。

[A] 接触の on：「(ある物の表面)と接触して」

(1) Jane is sitting **on** the sofa. (津田塾大)
　　(ジェインはソファーに座っている)

(2) I looked for grass to rest **on**.
　　(私は休むための芝生を捜した)

(3) She has a ring **on** her finger. (神奈川大)
　　(彼女は指に指輪をはめている)

(4) Have you a match **on** you?
　　(マッチをお持ちですか)［「身につけて」の意］

(5) The boat has been floating **on** the water for a week.
　　(ボートは1週間前から水の上に漂っていた)

(6) My uncle lives **on** the Continent.
　　(おじはヨーロッパ大陸に住んでいる)

　　☞ (5) の water, (6) の Continent も，地球上の"表面"としてとらえられている。*on* the land (陸上に)／*on* the sea (海上に) なども同様。

"接触"は側面・裏面・内面でもさしつかえない。

(7) A beautiful picture was hanging **on** the wall.
(美しい絵が壁に架かっていた)

(8) There was a fly **on** the ceiling.
(天井にハエが一匹とまっていた)

(9) There was some blue residue **on** the inside of the ink bottle.
(インク瓶の内側には紺色のかすがくっついていた)

(10) New York is situated **on** the Hudson River. (鹿児島大)
(ニューヨークは，ハドソン川に臨んでいる)［川との接点］

(11) My uncle lives **on** the outskirts of Fukuoka. (福岡大)
(私のおじは，福岡の郊外に住んでいる)

[**B**] <u>時間の on</u>: 特定の時間・日との接触。

(i) 「特定の日」について。

(12) I was born **on** *the 28th of* February in 1943.
(私は1943年2月28日に生まれた)

(13) I will go there **on** *Sunday next*. (専修大)
(次に日曜日にそこへ行きます)
☞ next Sunday と言えば，on は不要。

「特定の日の朝・昼・晩」なども，これに準じる（大学入試に多出）。

(14) It happened **on** *Sunday morning*. (共立薬大)
(それは日曜日の朝起こった)

(15) It happened **on** *the evening of* the 13th. (和歌山医大)

(それは 13 日の晩方起こった)

(16) We walked together in the wood **on** *a fine morning*.
(私たちは，ある晴れた朝森の中をいっしょに散策した)
☞ いつでもいい「朝[夕方]起こった」と言うのであれば，*in* the morning, *in* the evening となる。

(ii) 'on + doing' のタイプ:「... と同時に，... するとすぐ」

(17) **On** *reaching* the station, he rang me up. (奈良学芸大)
(駅に着くとすぐに，彼は私に電話した)

(18) **On** *seeing* me, he walkd up to me smiling. (九州工大)
(私を見るや彼はにこにこしながら近寄ってきた)

「*on* + 動作名詞」も，これに準じる。

(19) **On** *inquiry*, the report turned out false.
(調べてみると，その報告は嘘だった)

(20) I will show you the book **on** *my return*.
(帰りしだい，その本をお見せしよう)

[C] 支えの on:「接触の on」の一種。A is B の場合，A と B とは接触してもいるし，見方を変えれば，A は B によって "支え" られてもいる。

(21) He lay **on** his back. (東京医大)
(彼は仰向けに寝転んでいた)
☞ 類例: stand *on* one's head (逆立ちする)／fall *on* one's face (うつ伏せに倒れる)，など。

(22) I go to school **on** foot. (武蔵大)

(私は歩いて学校へ行きます)

☞「足に支えられて」という気持ち。

(23) That *depends* **on** circumstances. (東海大)
(それは事情によりけりだ)

(24) I rely **on** my brother to get it for me. (明治学院大)
(私は兄がそれを買ってくれるものと当てにしている)

(25) The earth turns **on** its axis.
(地球はその軸を中心に回転する)

(26) Japan imports rice to *live* **on**. (甲南大)
(日本は食料米を輸入している)

「支えの on」は，また，行動や感情の"よりどころ"を示す：
「...に基づいて」。

(27) I will act **on** your advice.
(ご忠告のとおりに行動します)

(28) I will never do such a thing **on** any account.

(横浜市大)

(どうあってもそんなことはしません)

(29) **On** priciple I don't smoke. (一橋大)
(主義として私はタバコを吸いません)

(30) I cannot accept the offer **on** such terms. (大阪薬大)
(そのような条件では，その申し出に応じることはできません)

(31) I will do it **on** *condition* that I shall be paid.

(東京外大)

(報酬がいただけるならそれをやります)

(32) He swore it **on** the Bible.

(彼は聖書にかけてそれを誓った)

[D] 状態・活動の on：「接触の on」の一種。on duty は仕事と接触しているので「勤務中」となる（↔ *off* duty「非番で」）。

(33) A policeman must not smoke while he is **on** *duty*. (相模女子大)

(警官は勤務中はタバコを吸ってはいけない)

(34) Be **on** *your guard* against fire. (東京外大)

(火の用心) [↔ *off* one's guard（油断して）]

(35) The house is **on** *fire*! Call for help. (慶応大)

(家が燃えている！ 助けを呼べ)

(36) If it were fine today, I could go **on** *an excursion*. (九州産業大)

(きょう天気なら，遠足に行けるのだが)

(37) On leaving college, he started **on** *a tour* over the world. (福岡学芸大)

(大学を出るとすぐ彼は世界一周旅行に出発した)

(38) Mail this letter **on** *your way* to office, please. (昭和女子大)

(会社へ行く途中，この手紙を投函してください)

[E] 対象の on：「接触の on」から。接触点が，行動の"対象"になっているにすぎない。たとえば，*lie on* the table（テーブルの上に横たわる）→ *lay it on* the table（それをテーブルの上に横たえる）。

(39) The man was playing **on** a drum.

(男はドラムを叩いていた)

(40) Tread **on** a worm, and it will turn. （島根大）

(虫を踏みつけると反抗する;「一寸の虫にも五分の魂」)［諺］

(41) Heat *acts* **on** bodies and caused them to expand.

（横浜市大）

(熱は物体に働きかけて膨張させる)

(42) He was hit **on** the head with a stone thrown by a boy. （上智大）

(彼は少年の投げた石で頭を打たれた)

(43) You must concentrate your energies **on** the work.

（関西学院大）

(きみはその仕事に精力を集中しなければならない)

(44) Look **on** the bright side of things. （東京医大）

(物事の明るい面を見なさい)

☞ look at はただ視線を向けるだけであるが，look on は「ある気持ちをこめて」見る場合に使う。

(45) How much money do you spend **on** books?（京都府大）

(きみは本にどれくらいの金を使っていますか)

(46) Environment has a patent influence **on** character.

（関西学院大）

(環境は性格にはっきりした影響を及ぼす)

(47) Why are you so keen **on** saving money?

(なぜあなたはお金を貯めることにそんなに熱心なのか)

☞ 類例: be *bent on* / be *intent on* (... に熱心である)。

[**F**] <u>テーマの on</u>:「対象の on」の一種で，精神活動の向けら

れる対象を示す；「…について」。

(48) He spoke **on** English literature.
(彼は英文学について語った)

(49) I have written to him **on** *the subject*. （和歌山医大）
(私はその問題について彼に手紙を書いた)

(50) In his speech he dwelt **on** the importance of education. （関東学院大）
(彼は講演において教育の重要性について詳しく説いた)

☞ *On* Love（恋愛論）／a book *on* grammar（文法に関する本）なども同類。

(51) I congratulate you **on** passing the examination.
（三重大）
(試験に合格されたことをお喜び申しあげます)

☞ *congratulate on your passing* the examination とは言わない。大学入試に多出。

(52) His friends condoled with him **on** his wife's death.
(友人たちは彼の妻が亡くなったことについてお悔やみを言った)

2.7.2. 慣用例

bestow A **on** B「A（人）に B（名誉・賞など）を授ける」

(1) The President *bestowed* a medal *on* the hero.
(大統領はその英雄に勲章を授けた)

call on「（人）を訪問する」

(2) He *called on* me to inquire after my health.

(関東学院大)

(彼は私を見舞いに訪ねてきた)

☞ call at は「(家)を訪問する」: I *called on* him *at* his offiice. (私は彼を事務所に訪ねた)。

enter on「(仕事など)を始める, …に乗り出す」

(3) He *entered on* the life of a telegraph operator.

(東京医大)

(彼は電信係の生活を始めた)

insist on「…を主張する」

(4) She *insisted on* having the two rooms to herself.

(武蔵大)

(彼女はその二つの部屋を独り占めすると言ってきかなかった)

on account of「…のために」(理由)

(5) *On account of* the heavy rain, the picnic was put off indefinitely. (一橋大)

(大雨のためピクニックは無期延期された)

on purpose「故意に, わざと」

(6) I am sure he did it *on purpose*. (早稲田大)

(きっと彼はわざとそれをやったのだと思う)

on the contrary「その反対に, それどころか」

(7) The risk of infection hasn't diminished—*on the contrary*, it has increased. (MED²)

(伝染の危険は減少していない——それどころか,増大している)

on the instant「ただちに」

(8) Let us start *on the instant*.

(ただちに出発しよう)

on the point of doing「まさに...せんとして」

(9) He was *on the point of* leaving when I arrived there.

(京都学芸大)

(私がそこに着いたとき,彼らはちょうど出かけようとするところだった)

on the spot「現場で; ただちに」

(10) The doctor was *on the spot* a few minutes later.

(医者は数分後には現場に着いていた)

(11) He was run over and killed *on the spot*.

(彼は轢かれて即死した)

on the whole「概して」

(12) He is, *on the whole*, a satisfactory student.

(彼はまずまず申し分のない学生だ)

pride oneself on「...を誇りとする」

(13) My brother *prided himself on* having never been

beaten in ping-pong. (一橋大)

(兄はピンポンで一度も負けたことがないのを自慢にしている)

stand on end「逆立ちする」

(14) It made my hair *stand on end*. (武蔵工大)

(それで私の髪の毛は逆立った)

2.8. TO

2.8.1. to の中核的な意味

to の中核的な意味は，〈着点〉(goal) である (↔ form 〈起点〉)。

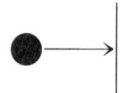

[A] 着点の to:「...に」

(i) 自動詞のあとで。

(1) Dinner *came* **to** an end. (東京医大)

(正餐は終わった)

(2) I *got* **to** the station just in time for the train.

(やっと列車に間に合うように駅に着いた)

(3) Let's do Exercise No. 5. *Turn* **to** page 10. (学習院大)

(練習問題の5番をやりましょう。10ページを開いてください)

(4) They *listened* **to** this story with little interest.

(東京農大)

(彼らはあまり興味を示さずにこの話を聞いた)

(5) In Japan traffic *keeps* **to** the left. (学習院大)
(日本では車は左側通行をする)

(6) I *agree* **to** your proposal. (横浜市大)
(あなたの提案に賛成します)

(7) I would sooner die than *consent* **to** the plan.

(中部工大)

(そんな計画に賛成するくらいなら死んだほうがましだ)

(8) You must never *resort* **to** violence. (東京外大)
(決して暴力に訴えてはいけない)

(9) He *complained* **to** me of the noise. (明治薬大)
(彼はその騒音のことを私に訴えた)

(10) She will anxiously *look forward* **to** a letter from him.

(東京外大)

(彼女は彼からの手紙を待ちわびているだろう)

(ii) 他動詞のあとで。

(11) He *lent* his book **to** me: I borrowed it from him.

(上智大)

(彼は私に本を貸してくれた。私は彼からそれを借りた)

(12) He *teaches* English **to** them. (電子工大)
(彼は彼らに英語を教える)

(13) You must not *shut* your eyes **to** the fact. (武蔵工大)
(君はその事実に目を閉ざしてはいけない)

(14) He *devoted* himself **to** the study of literature.

(広島大)

(彼は文学研究に没頭した)

(15) **To** the sun we *owe* our light and heat.　　　(東北薬大)
(私たちは光と熱を太陽に負うている)

(16) I *attribute* his success **to** luck.　　　(山形大)
(彼の成功はまぐれだと思う)

(17) I do not know **to** whom to *give* it.　　　(京都学芸大)
(それを誰に与えたらいいかわからない)

(18) He *tied* his horse **to** a stake.
(彼は馬をくいにくくりつけた)

☞ このような to を"結合の to"と呼ぶこともあるが，"結合"の意味は tie という動詞に内在するもので，to そのものは〈着点の to〉にほかならない。ほかにこの種の動詞に *bind* [*chain*, *fasten*, *fix*, *link*] A *to* B「A を B に縛りつける［鎖でつなぐ，結びつける，取りつける，結合する］」などがある。

(iii) 形容詞のあとで。

(19) His generosity is *known* **to** everyone.　　　(三重大)
(彼の気前のよさは万人に知られている)

☞ この場合，is known *by* は誤り。

(20) The voice is *familiar* **to** me.　　　(明治大)
(その声は私には聞き覚えがある)

(21) He is *deaf* **to** his mother's good advice.　　　(北九州大)
(彼は母親の有益な助言に耳を傾けない)

(22) Some qualities are *common* **to** all men.　　　(三重大)
(いくつかの性質は万人に共通である)

(23) His opinion is *opposite* **to** yours.　　　(専修大)

(彼の意見はきみのとは正反対だ)

(24) I am much *obliged* **to** you for your kindness.

(京都女子大)

(ご親切大変ありがとうございます)

(25) Clara is very *sensitive* **to** criticism.　　　(慶応大)

(クララは批評をひどく気にする)

(26) She was *accustomed* **to** dealing with these men.

(東京芸大)

(彼女はそういう男たちの扱いには慣れていた)

(27) How can you be so *indifferent* **to** your dress?

(國學院大)

(どうしてあなたはそんなに服装に無頓着でいられるのだろうね)

(28) You are *welcome* **to** any book in my library.

(関西学院大)

(きみは私の蔵書のどの本でも読んでもよろしい)

(iv) 名詞とともに。

(29) He has *tendency* **to** indolence.

(彼は怠ける傾向がある)［＜tend to］

(30) His strong *opposition* **to** the project is well known to us.　　　(滋賀大)

(彼がその計画に強く反対していることは，私たちにもよく知られている)［＜oppose to］

(31) All men seek happiness. There is no *exception* **to** this.　　　(横浜市大)

(すべての人は幸福を求める。このことには例外はない)

(32) She has the *key* **to** the whole secret. （岩手大）

(彼女はその秘密全体を解く鍵を握っている)

(33) He was on a *visit* **to** a friend. （神奈川大）

(彼は友人を訪問中だった)

(34) They sat *back* **to** back. （埼玉大）

(彼らは背中合わせに座った)

(35) My village is about 20 *miles* **to** the west of Tokyo.

（東京教育大）

(私の村は，東京の西方約20マイルの所にある)

[**B**] 結果の to: 「着点」の意味から「結果」の意味が生じるのはきわめて自然である。

(36) He *drank himself* **to** death.

(彼は酒を飲みすぎて死んだ)

(37) He *starved* **to** death. （立教大）

(彼は飢え死にした)

(38) Some were *frozen* **to** death. （東京経済大）

(何人かは凍え死んだ)

(39) The bottle fell on the stone and *broke* **to** pieces.

(びんは石の上に落ちて粉々にくだけた)

(40) The mother *sang* the baby **to** sleep.

(母親は歌を歌って赤ちゃんを寝かせつけた)

「結果の to」で特に大学入試に頻出するのは，「to one's＋感情名詞」のタイプである。

(41) **To** *my sorrow*, I failed in the test. （東京芸大）
(悲しいことに，テストに失敗した)

(42) I found **to** *my joy* that he was still alive. （和歌山医大）
(彼がまだ存命なのを知ってうれしかった)

(43) **To** *his great surprise*, a hand appeared between the curtains.
(彼が大いに驚いたことに，カーテンの間から手が現れた)

(44) (　　) *their joy*, he came back home in safety.
（名古屋大）
(彼が無事に帰ってきたので，彼らは喜んだ) [*To*]
☞ 類例: *to* his disappointment（彼が失望したことに）／*to* my regret（残念なことに）／*to* my great distress（大変困ったことに），など。

[C] 限度の to:「着点の to」から；「...に至るまで」の意味で，よく from A to B（A から B に至るまで）のタイプで用いられる。つまり，A が「起点」，B が「着点」である。

(45) He didn't stay **to** *the end* of the party.
(彼はパーティーの終わりまではいなかった)

(46) I emptied my purse **to** *the last penny*. （東京薬大）
(私は財布の底をはたいて最後の 1 ペンスまで使った)

(47) He is generous **to** *a fault*.
(彼は欠点と言っていいくらい気前がいい)

(48) I read the book *from* beginning **to** end.
(その本を始めから終わりまで読んだ)

(49) He worked *from* morning **to** night on that day.

(彼はその日朝から晩まで働いた)

(50) My watch keeps time **to** *the minute*.　　　(和歌山医大)

(私の時計は1分に至るまで正確だ)

[**D**] <u>関連の</u> to：「着点」の意味はまた，容易にある物との「関連」の意味に移行していく。

(i) 比較：「...と比べて」「比較」の主な意味は前にくる動詞や形容詞に含まれる。

(51) The poet *compared* his love **to** a summer's day.

(上智大)

(その詩人は，自分の愛人を夏の日にたとえた)

☞ the poet は，エリザベス朝の大詩人 William Shakespeare, *Sonnets* 18.

(52) He is quite rich now *compared* **to** what he used to be.

(彼はむかしと比べると，今はなかなか金持ちだ)

(53) I *prefer* working **to** doing nothing.　　　(宮崎大)

(私は何もしないよりは仕事をするほうがよい)

(54) This cloth is *superior* **to** that one.　　　(関東学院大)

(この布のほうがあれよりも上等だ)

☞ (54), (55) の構文は大学入試に多出。to の代わりに than を使うことはできない。

(55) In point of scholarship he is *inferior* **to** none.

(学識にかけては彼は誰にも劣らない)

(56) This course of action is *preferable* **to** the other.

(茨城大)

(このやり方のほうがもう一つのより好ましい)

(57) We won the day with a score of 7 **to** 3. (京都外大)

(私たちは7対3のスコアで勝った)

(58) It is *ten* **to** one that he will fail.

(9分9厘彼は失敗するだろう)

(ii) 適合:「...に合わせて」

(59) The girls were dancing **to** the music.

(少女らは音楽に合わせてダンスしていた)

(60) This picture is not **to** my taste. (和歌山大)

(この絵は私の好みに合わない)

(61) This coat is made **to** order.

(この上着は注文に合わせて作らせたものだ)

2.8.2. 慣用例

according to「...によれば; ...に従って」

(1) *According to* the dictionary, this word is no longer in use. (昭和女子大)

(この辞書によれば, この語はもはや使用されていない)

(2) The ship left Yokohama *according to* schedule.

(早稲田大)

(その船は予定どおり横浜を出航した)

add to「...を増す」(= increase)

(3) The novel *added to* his reputation. (東京外大)

(その小説で彼の名声は増した)

amount to「(いくら)に達する; (結局)... になる」

(4) His debts *amount to* a considerable sum. (姫路工大)
(彼の借金はかなりの金額に達する)

(5) This answer *amounts to* a refusal.
(この答えは拒絶も同然だ)

attend to「... に注意する; ... の世話をする」

(6) I have other business to *attend to*. (学習院大)
(私にはほかに面倒を見なければならない仕事がある)

belong to「... に属する」

(7) You shouldn't take what doesn't *belong to* you. (CALD³)
(きみは自分のものではない本を取ってはいけない)

give way to「(誘惑など)に屈服する」

(8) He will not *give way to* temptation. (神戸大)
(彼は誘惑に負けないだろう)

go to naught「無駄になる」

(9) Wealth ill got *goes to naught*. (島根大)
(悪銭身につかず)[諺]

help oneself **to**「... を自分で取って食べる」

(10) Please *help yourself to* some bread. (東北薬大)
(どうかパンをご自由に取って召しあがれ)

occur to a person「人の頭に浮かぶ」

(11) It never *occurred to* me to write to him. (東京大)
(彼に手紙を出そうという考えは全然浮かんでこなかった)

second to none「誰にも負けない」

(12) He is *second to none* in his class. (名城大)
(彼はクラスの誰にも負けない)

see to「...の世話をする；...に気をつける」

(13) I'll *see to* the food for the picnic if you provide knives and forks.
(きみがナイフとフォークを用意してくれれば、ピクニックの食料は私が手配しよう)

(14) *See to* it that no strangers come into this room.
(一橋大)
(この部屋には他人は入らないように気をつけておくれ)
☞ it は that 節を代表する。

succeed to「...の跡を継ぐ；...のあとに続く」

(15) The son *succeeded to* his father's estate. (三重大)
(息子が父親の財産の跡継ぎをした)

(16) Rage *succeeded to* grief.
(悲嘆のあとから怒りが沸いてきた)

to all appearance(s)「どう見ても」

(17) *To all appearance* he is tired. (横浜市大)
(どう見ても彼は疲れているようだ)

to one's **advantage**「...に有利に」

(18) The transaction will be *to your advantage*.
(その取引はきみに有利になるでしょう)

to the contrary「それと反対の」(cf. *on the contrary* (→ p. 78))

(19) I have no proof *to the contrary*.
(そうでないとの証拠はない)

to the point「要領を得て」

(20) His speech was brief and *to the point*. (兵庫農大)
(彼の講演は簡潔で要領を得ていた)

2.9. WITH

2.9.1. with の中核的な意味

with の中核的な意味は〈同伴〉である。

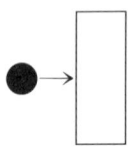

[A] 同伴の with:「...と，とともに」

(1) Last Sunday I went for a walk **with** a friend.

(前の日曜日，私は友人と散歩に出かけた)

(2) The family she lived (　) simply admired her.

(山口大)

(彼女がいっしょに暮らしていた一家は，ただただ彼女に感心していた) [*with*]

(3) I shall be **with** you in a few minutes. (Altavista)

(すぐご一緒しましょう)

(4) Will you come and have dinner **with** me this evening?

(今晩夕食にいらっしゃいませんか)

(5) You must really come and stay (　) us. (東京芸大)

(ぜひ泊まりにいらしてください) [*with*]

[**B**] 一致の with:「同伴の with」から。「...とともに」は，容易に"...と一致して"の意味に発展していく。

(6) I am **with** you in what you say.

(きみの言うことには同感だ)

(7) I *agree* [*disagree*] **with** you.

(きみの意見に賛成[不賛成]だ)

(8) The sky is *mixed* (　) yellow tone. (三重大)

(空には黄色が混ざっている) [*with*]

(9) He has *met* **with** an accident.

(彼は事故に遭った)

☞ meet with は「...と偶然出遭う」の意味に，meet は「約束で会う」の意味に用いる: He *met* me at the station. (彼は私を駅に出迎えてくれた)。

(10) The Rhine is a large river compared ( ) the Thames. (東海大)
(ライン川はテムズ川と比べれば大きな川だ) [*with*]
☞ compare A to B との相違は, p. 160 を参照。

[C] 同時性の with: 「同伴の with」の一種。「太陽とともに」→「日の出と同時に」

(11) Do you *rise* **with** the sun?
(きみは日の出とともに起きますか)

(12) His wisdom *increased* **with** his years.
(彼の知恵は年とともに増した)

(13) **With** the coming of winter, it was impossible to attempt the climb.
(冬の到来とともに, その登攀(とはん)を試みることは不可能となった)

[D] 所有の with: 「同伴の with」の一種。

(14) The girl **with** black hair is my sister.
(黒い髪をした少女は私の妹です)
☞ 類例: a coat *with* two pockets (ポケットが二つ付いている上着) / a man *with* a hat on (帽子をかぶった人) / a man *with* plenty of money (金をたくさん所有している人), など。

「所有の with」で特に重要なのは, 「with + 目的語 + 補語」——より厳密には「with + 主語・述語関係」——の形式で "付帯状況" (attendant circumstance) を表す構文である。大体「... を ... して」と訳せる (大学入試に多出)。

(15) Don't sleep **with** the door *open*. (静岡大)
(ドアを開けたまま寝てはいけない)

(16) He sat **with** his back *against the wall*. (宮崎大)
(彼は壁にもたれて座っていた)

(17) He came into the room **with** a look of anxiety *upon his face*. (兵庫農大)
(彼は不安の表情を浮かべて部屋に入ってきた)

(18) Don't speak **with** your mouth *full*. (大阪府大)
(口に食べ物をいっぱい入れてものを言うな)

(19) She was sttanding (　　) a flower in her hand. (武蔵大)

(彼女は手に花を持ってたたずんでいた) [*with*]

[**E**] 関係の with: 「同伴の with」から。先行する語の影響から、「... を相手に, ... に対して」という意味に発展していく。

(20) I *quarreled* **with** Tom.
(私はトムとけんかをした)

(21) Rebel forces *fought* **with** [*against*] the Russians.
(反乱軍はロシア軍と戦った)

(22) She had *argument* **with** her husband about the education of their son.
(彼女は息子の教育について夫と議論した)

☞ 同様に, struggle *with*（... と争う）／argue *with*（... の議論する）, など。

(23) Are you *angry* **with** me for saying so? (東京医大)
(私がそう言ったので怒っていますか)

☞「angry with + 人」,「angry at [about, over] + 事」と使い分ける傾向がある: The passengers grew *angry about* the delay. (OALD[9])（乗客は遅れのことで怒りはじめた）。

(24) Don't be too strict **with** very young children. （神戸大）
（非常に幼い子どもに厳しくしすぎてはいけない）

(25) She does not know how to *do* **with** it. （東京芸大）
（彼女はそれをどう処理したらいいのかわからない）

(26) What do you *want* **with** me? （久留米大）
（私に何かご用ですか）

(27) I have no *patience* **with** such a selfish fellow.
（横浜国大）
（あんな利己主義の男にはがまんならない）

(28) What's *wrong* **with** you? （慶応大）
（どこかお悪いのですか）

(29) Something is *the matter* **with** him. （名古屋工大）
（彼はどうかしているのだ）[たとえば，怪我などで]

(30) He did better this time than is *usual* **with** him.
（横浜市大）
（彼は今度はいつになくうまくやった）
☞「彼にとって普通であるよりも」が原義。

(31) Man is not almighty, but all things are *possible* **with** God. （香川大）
（人間は万能ではないが，神にとっては万事が可能である）

[**F**] 手段の with:「所有の with」から。「青い目をもった（少女）」から，「青い目をもって（見る）」というように意味が発展し

ていく。

(32) We see **with** our eyes.
（私たちは目でものを見る）

(33) Cut it **with** a knife.
（それをナイフで切りなさい）

(34) This is the pen he *wrote* **with**. （和歌山医大）
（これは彼がものを書いたペンです）

(35) This yard is *surrounded* **with** walls.
（この中庭は塀で取り囲まれている）

「手段の with」の中で特に注意すべきは，'supply A with B'「B でもって A に供給する」→「A に B を供給する」のタイプである（大学入試に多出）。

(36) I shall *supply* you **with** travelling expenses. （神奈川大）
（旅費は私がまかなってあげよう）

(37) *Fill* the fountain pen **with** ink. （明治大）
（万年筆にインクを入れなさい）

(38) I *presented* him **with** a gold watch. （東京外大）
（私は彼に金時計をプレゼントした）

(39) He *provided* his boy **with** good education.
（彼は息子に良い教育を受けさせた）

(40) She *trusted him* **with** some of the secrets of her life.
（彼女は自分の生活の秘密をいくつか彼に打ち明けた）

受動構文は，次にようになる。

(41) The hills *were covered* **with** snow.
(山々は雪で覆われていた)

(42) The cart *was loaded* **with** hay.
(荷車は干し草を積んでいた)

次の二つの文を比較せよ。

(43) a. She planted the garden with roses.
(彼女は庭にバラを植えた)〔庭の一部; 部分的解釈〕
b. The garden was planted with roses.
(庭にはバラが植わっていた)〔庭全体; 全体的解釈〕

〔**G**〕 原因の with:「手段の with」から。「... を用いて」→「... のせいで」

(44) She was silent **with** shame.
(彼女は恥ずかしさのせいで黙っていた)

(45) The lost child was shivering **with** cold in the cottage.
(道に迷った子どもは, 小屋の中で寒さに震えていた)

(46) He has been in bed **with** a cold for a week.
(彼は1週間前から風邪で寝ている)

(47) The beggar was dying **with** hunger.
(乞食は空腹で死にかけていた)

(48) Her eyes were dim **with** tears.
(彼女の目は涙でくもっていた)

〔**H**〕 様態の with:「手段の with」の一種。たとえば, with ease「容易さをもって」→「容易に (easily)」のように,「with +

名詞」で副詞句を作る。

(49) I thank you **with** *all my heart*. （東京芸大）
(心からお礼を申しあげます)

(50) The whole party is listening **with** *all its ears*.
（京都府大）
(その一行全員が耳を澄まして聞いている)

(51) You must read it **with** *care*.
(それを精読しなければならない) [=carefully]

(52) He heard the news **with** *calmness*.
(彼はその知らせを落ち着いて聞いた) [=calmly]

(53) The soldiers fought **with** *courage*.
(兵士たちは勇ましく戦った) [=courageously]

(54) It was **with** *some difficulty* that he found the way to his own house. （名城大）
(彼は少々苦労してわが家にたどり着いた)

2.9.2. 慣用例

acquaint A **with** B「A に B を知らせる」

(1) Let me first *acquaint* you *with* facts. （姫路工大）
(まずあなたに事実をお知らせしましょう)

(2) I *am* but slightly *acquainted with* philosophy.
（岐阜大）
(私は哲学の知識はごくわずかしかありません)

(3) Since I *was unacquainted with* the road, my party got lost.

(私がその道をよく知らなかったので，私の一行は道に迷ってしまった)

☞ (2) は受身，(3) は変形である。

begin with「... から始める」

(4) You had better *begin with* that one.　　　　　（静岡大）
(それから始めるほうがよい)
☞ 反意表現は，end wth「... で終わる」である：The day *ended with* a storm.（その日はあらしで暮れた）。

catch up with「... に追いつく」

(5) I had to run fast to *catch up with* him.　　　（東京外大）
(彼に追いつくために速く走らなければならなかった)

comply with「(要求)に応じる」

(6) I cannot *comply with* your request.　　　　　（横浜市大）
(ご要求に応じかねます)

dispense with「... なしで済ます」

(7) His service can't be *dispensed with*.　　　　　（埼玉大）
(彼の助力はなしでは済まされない)

do away with「... を廃止する」

(8) You must try to *do away with* the evil practice.
（東京外大）
(きみはその悪習をやめるように努めなければならない)

find fault with「...のあら探しをする」

(9) He is always ready to *find fault with* other people.
(彼はいつも他人のあら探しをしようとしている)

get on well with「...と仲良くやっていく」

(10) I don't *get on* very *well with* him. (群馬大)
(彼とはあまり仲良くやっていけない)

get on with「...を続ける」

(11) He *went on with* his work. (明治大)
(彼は仕事を続けた)

have nothing to do with「...には関係がない」

(12) It *has nothing to do with* you. (神戸大)
(それはきみには関係がない)

help A with B「A の B (仕事) を助ける」

(13) Please *help* me *with* my assignment. (慶応大)
(私の宿題を手伝ってください)

(14) Would you *help* me *with* my English lesson?
(私の英語の勉強を見てくれませんか)
☞ 大学入試に多出。

in common with「...と共通に」

(15) He has much *in common with* us. (三重大)

(彼は私たちと共通したものをたくさん持っている)

interfere with「...の邪魔をする」

(16)　You mustn't let pleasure *interfere with* business.

(北九州大)

(快楽が仕事の邪魔になるようであっていけない)

keep in touch with「...と接触を保つ」

(17)　If you want to be a good citizen, you must *keep in touch with* the times.　　　(武蔵工大)

(良い市民になりたければ,時勢に通じていなければならない)

keep up with「...についていく」

(18)　You'd better read newspapers to *keep up with* the times.　　　(学習院大)

(時勢に遅れないためには新聞を読むほうがいい)

make friends with「...と親しくなる,...と仲直りする」

(19)　how to *make friends with* an extremely shy person

(極端に内気な人と親しくなる方法)

(20)　Will you *make friends with* me again?

(私と仲直りしてくれませんか)

part with「...を手放す」

(21)　I hate to *part with* my old furniture.　　　(早稲田大)

(私は古い家具を手放すのはいやだ)

☞ part from（…と別れる）と区別すること：I *parted from* him on the bridge.（橋の上で彼と別れた）。

play with「…をおもちゃにする」

(22) He was *playing with* the tools that his father had bought him. （昭和薬大）
(彼は父親が買ったくれた道具をおもちゃにしていた)

put up with「…をがまんする」

(23) We had to *put up with* a lot of noise when the children were at home. （慶応大）
(子どもたちが家にいるときは、ひどく騒々しいのをがまんしなければならなかった)

(24) She has a lot to *put up with*, poor girl. （京都学芸大）
(かわいそうに、その少女は多くのことをがまんしなければならない)

☞ 大学入試に多出。

trifle with「…を軽んじる」

(25) He is not a man to be *trifled with*. （工学院大）
(彼は軽んじることのできない人だ)

with all「…がありながら」

(26) *With all* his learning, he lacks common sense. （関西学院大）
(彼は学問はあるくせに常識がない)

第3章

その他の前置詞

　基本前置詞以外の前置詞は，多音節であり，おおむね，意味は単純であり，大学入試にもあまり出されていない。

3.1. ABOUT

3.1.1. 意義と用例
[A] 「(状態動詞とともに) ...の回りに」

(1) He had a comforter **about** his neck.
　　（彼は首の回りに首巻きを巻いていた）
　　☞ この場合，口語では round が好まれる。

(2) They say there is something strange **about** her.
　　　　　　　　　　　　　　　　　　　　　　　　（早稲田大）
　　（彼女にはどことなく妙なところがあるそうだ）

(3) I haven't a penny **about** me.
　　（1ペニーの金の持ち合わせがない）［= *with* me］

[B] 「(運動動詞とともに)...のあちこちに[を]」

(4) He walked **about** the town.
(彼は街をあちこち歩き回った)

(5) Papers were lying **about** the room.
(書類が部屋のあちこちにちらばっていた)

[C] 「...について；...に従事して」

(6) What do you know **about** him?
(彼についてどんなことを知っているのか)

(7) I am thinking **about** what I should answer. (芝浦工大)
(どう答えるべきか思案中です)

(8) What was it we were talking **about**? (東京芸大)
(私たちが話題にしていたのは，何でしたか)

(9) What are you **about**?
(あなたは何に従事しているのですか)

3.1.2. 慣用例

all about「...についての全部」

(1) Tell me *all about* it.
(そのことを残らず話してくれ)

(2) I know *all about* her.
(彼女のことは何でも知っている)

How [What] about「...はどう思うか」

(3) *How* [*What*] *about* the weather?

(天気はどうですか)

(4) *How about* going to Hakone for our holidays?
(休暇に箱根へ行くのはどうかね)

3.2. ABOVE

3.2.1. 意義と用例　(↔ below)

[**A**]「...より上に」

(1) The sun rose **above** the horizon.
(太陽は地平線の上にのぼった)

(2) A colonel ranks **above** a major.
(大佐は少佐よりも階級が上だ)

[**B**]「...を超えて, ...以上」

(3) It weighs **above** five tons.
(それは5トン以上の目方がある) [=over]

(4) A soldier values honor **above** life.
(軍人は生命よりも名誉を重んじる)

(5) He is **above** telling a lie. (慶応大)
(彼はうそをつくようなことはしない)
☞「うそをつくようなことを超越している」が原義。

(6) This book is **above** her.
(この本は彼女には難しすぎる)

(7) He is (　) such meanness. (東京薬大)
(彼はそんな卑劣なまねはしない) [*above*]

3.2.2. 慣用例
above all (**else**)「とりわけ」

(1) And *above all*, don't talk to anybody about it.
(そしてとりわけ，誰にもそのことを言うな)

(2) *Above all else*, the government must keep the promises it has made. (MED²)
(わけても，政府は約束したことは守らなくてはならない)

3.3. ACROSS

3.3.1. 意義と用例
[A]「...を横切って」

(1) A bridge was built **across** the river.
(川に橋がかけられた)

(2) She walked **across** the street.
(彼女は歩いて通りを横切った)

(3) He stood in silence with his arms folded **across** his chest. (MED²)
(彼は胸に腕を組んで黙って立っていた)

[B]「...の向こう側に」

(4) There's a bank right **across** the street. (OALD⁸)
(通りの真向かいに銀行がある)

[C]「(地域・国の) 至るところで」(「横断して」の意味から)

(5) Voting took place peacefully **across** most of the country. (CALD[3])

(国の大部分の至るところで投票は平和裡に行われた)

3.3.2. 慣用例

come [run] across「... と出会う」

(1) I *ran across* him yesterday.
(きのう彼と出会った)
(2) I *came across* this in a curiosity shop.
(これは骨董店で見つけたのだ)

3.4. AFTER

3.4.1. 意義と用例

[A]「(順序・位置・時間) ... のあとに」

(1) The date should be written **after** the address.

(LDCE[5])

(宛名の次には日付を書かなければならない)
(2) Monday comes **after** Sunday.
(日曜日の次には月曜日がくる)
(3) We met again **after** two years.
(私たちは2年後に再会した)

[B]「(追求動詞とともに) ... 追って, ... を求めて」

(4) He *ran* **after** the thief.

(彼は泥棒を追いかけた)

(5) I went to the hospital to *inquire* **after** his health.

(名古屋工大)

(私は彼を見舞いに病院へ行った)

(6) Who is going to *look* **after** the children? (神戸大)

(誰がその子どもたちの世話をしようとしているのか)

3.4.2. 慣用例

after the fashion of「... にならって」

(1) She is dressed *after the fashion of* a stewardess.

(東京外大)

(彼女はスチュワーデスふうの服装をしている)

name A after B「B の名をとって A に名をつける」

(2) The boy was *named after* Lincoln. (京都府大)

(少年はリンカンの名をとって名づけられた)

(3) His eldest son was *named* Washington *after* the first President. (関西大)

(彼の長男は,初代大統領の名をとってワシントンと名づけられた)

one after another「次から次へと」

(4) He walked on for many hours through *one* alley *after another*. (京都学芸大)

(彼は路地を次から次へと通り抜けて何時間も歩き続けた)

take after「... に似る」

(5) He *takes* more *after* his mother than his father.

(北九州大)

(彼は父親よりも母親に似ている)

3.5. AGAINST

3.5.1. 意義と用例

[A]「... に対して, ... に逆らって」

(1) He hit his head **against** the wall.
(彼は頭を壁にぶっつけた)

(2) He was leaning **against** the tree. (防衛大)
(彼は木にもたれていた)

(3) Their score was 4 **against** our 7.
(彼らの得点は, われわれの7に対して4点だった)

(4) The pine trees were black **against** the morning sky.

(神戸大)

(松の木は朝空を背景に黒く見えた)

☞「空と対照して」の意味。

(5) We rowed **against** the current.
(私たちは流れに逆らって漕いだ)

(6) Are you *for* it or **against** it?
(きみはそれに賛成ですか反対ですか)

(7) I have no objection to it. = I have nothing to say (　) it. (明治大)

(私はそれに異議はない) [*against*]

[**B**] 「... に備えて」:「... に対して」の意味から。

(8) He is saving money **against** a rainy day. (神戸大)
(彼は困窮の時に備えて貯金をしている)

3.5.2. 慣用例

against one's will「意志に反して, 心ならずも」

(1) She was married *against her will*.
(彼女は心ならずも結婚した)

against time「時計とにらめっこで」

(2) He was often compelled to write *against time*.
(彼は時と競って執筆することがよくあった)

3.6. ALONG

意義と用例

「(道など)に沿って」

(1) I walked **along** the road.
(私はその道を歩いていった)

(2) Trees are planted *all* **along** the street.
(ずっと通りに沿って木が植えてある)
☞ このように all で along の意味を強めることがある。

3.7. AMONG, BETWEEN

3.7.1. 意義と用例

[A] **among**「(3以上のもの)の間に」

(1) The money was divided **among** three beggars.

(福島医大)

(その金は3人の乞食に分配された)

☞ 3等分されたとは限らない。比較: Divide it *between* you two. (それをきみたち2人で(当分に)分けなさい)。

(2) Paris is **among** the greatest cities in the world.

(島根大)

(パリは世界最大の都市の一つである)

☞ 最上級の前では 'one of' の意味になる;「...の間に伍している」という気持ち。

(3) Much money was distributed (　) the poor of the city. (文化女子大)

(多額の金がその町の貧しい人々に分配された) [*among*]

[B] **between**「(二つのもの)の間に」<be + tween (= two)

(4) The chair is **between** the desk and the wall.

(椅子はデスクと壁との間にある)

(5) There is some difference **between** the two.

(文化女子大)

(両者間には若干の相違がある)

(6) He had to choose (　) honour and death.

[*between*] (福島医大)

(彼は名誉と死のいずれかを選ばなければならなかった)

a treaty (　) three powers (3国間の条約) では, たとえ3国であっても among ではなく, between がくる。「1国対1国」の関係が考えられているからである。

(7) This was a treaty **between** three very small countries.
(これはきわめて小さな3国間の条約だった)

3.7.2. 慣用例

among the rest「その中に加わって」

(1) Eighty have passed, myself *among the rest*.
(8人がパスしたが, 私もその1人だった)

distinguish between A **and** B「A と B とを区別する」

(2) Death does not *distinguish between* the rich *and* the poor. (和歌山大)
(死は貧富の区別をつけない)

read between the lines「言外の意味を読み取る」

(3) In reading, you should *read between the lines*.
(和歌山大)
(読書の際には, 言外の意味を読み取るべきである)

3.8. AS

3.8.1. 意義と用例

意義:「...として;...と(みなす),など」

(1) He was famous **as** a statesman.

(彼は(1人の)政治家として有名だった)

(2) Who will *act* **as** spokesman?

(誰がスポークスマンをつとめるのか)

☞ act as のあとにくる名詞は,(1)のように「個人」を考えているのではなく「資格」を考えている場合は,無冠詞が普通。

(3) We *look upon* him **as** our master. (宮崎大)

(私たちは,彼を私たちの主人と考えている)

(4) We *regard* him **as** a hero.

(私たちは,彼を英雄とみなしている)

3.8.2. 慣用例

as far as (i)「...まで(距離)」

(1) I went *as far as* Reading by train.

(私はレディングまで電車で行った)

(ii)「...するかぎりでは」

(2) *As far as* I know, this is the best restaurant in town.

(私の知っているかぎり,これが町1番のレストランだ)

☞ 否定文では,so far as も可: *So far as* I know, there is *no* such word. (私の知っているかぎりでは,そんな語はない)。

as for「... について言えば」(しばしば軽蔑的に)

(3) *As for* the others, they don't count.
(その他の連中はと言えば，彼らは問題にならない)
☞ as for は，このように文頭に用いる。

as to「... について」(文末に用いて)

(4) I don't know anything *as to* the others.
(ほかの連中については何も知らない)

as such「そのようなものとして」

(5) I am a gentleman, and want to be treated *as such*.
(私は紳士だから，紳士として扱ってもらいたい)

3.9. BEFORE

3.9.1. 意義と用例 (↔ after)

意義：「... の前に」

(1) I met him the day **before** yesterday. ［時間］
(一昨日彼と会った)
(2) Pride goes (　　) a fall. ［順序］　　　　　（島根大）
(おごるものは久しからず)(諺) [*before*]
(3) He stood **before** the door. ［位置］
(彼はドアの前に立った)
☞「位置」を示す場合は，in front of のほうが好まれる。
(4) She was brought **before** the judge.

(5) They would choose freedom **before** fame. ［優先］
(彼らは名声よりも自由をとるだろう)

(6) I would die **before** stealing. ［同上］
(私は盗みを働くよりもむしろ死を選ぶだろう)

3.9.2. 慣用例
before long「やがて」

(1) He will be here *before long*.
(彼はやがてここへ来るだろう)

carry all before one「大成功する」

(2) When he was at Oxford he *carried all before* him.
(オックスフォード在学中, 彼はすばらしい成績を収めた)

3.10. BEHIND

3.10.1. 意義と用例
［A］ (i)「...の後ろに」(空間的)

(1) There is an orchard **behind** the house.
(家の裏に果樹園がある)

(2) He sat just **behind** me.
(彼は私のすぐ後ろに座った)

(3) There was a smile **behind** his frown.
(彼のしかめっつらの陰には微笑が隠されていた)

(ii)「...に遅れて」(時間的・順序)

(4) The train was **behind** its time.
(電車は定刻に遅れていた)

(5) He is **behind** the other boys in English.
(彼は英語ではほかの少年よりも遅れている)

3.10.2. 慣用例

behind the times「時勢に遅れて」

(1) You are *behind the times* with your information.
(きみの情報は古い)

(2) Her dress is extremely *behind the times*.
(彼女のドレスはひどく流行遅れだ)

behind time「遅刻して」

(3) He is always *behind time*.
(彼はいつも遅刻する)
☞「...に遅れる」は be late for を用いる: I *was late for* school this morning. (けさは学校に遅刻した)。

3.11. BELOW

意義と用例 (↔ above)

[A]「...より下に」

(1) The sun has set **below** the horizon.

(陽は水平線の下に沈んだ)

(2) We saw the river **below** us.

(下の方に川が見えた)

(3) His ability is **below** the average.

(彼の才能は平均以下だ)

[B]「... より以下で, ... よりも下で」

(4) She must be **below** thirty.

(彼女は30歳以下にちがいない)

☞ この場合は under thirty とも言える。

(5) The thermometer went (　　) zero this morning.

(國學院大)

(温度計はけさは零下に下がった) [*below*]

(6) No woman dresses **below** herself.

(身分以下の身なりをする女性はいない)

3.12. BESIDE

3.12.1. 意義と用例

[A] (i)「... のそばに」

(1) He sat down **beside** me.

(彼は私のそばに座った)

(2) He used to live **beside** the sea.

(彼はもとは海のそばに住んでいた)

(ii)「... と比べると」

(3) You are quite tall **beside** your brother.

(弟さんと比べると，きみも結構背が高いじゃないか)

3.12.2. 慣用例

beside oneself with 「...でわれを忘れて」

(1) He is *beside himself with* anger. (立教大)

(彼は怒りでわれを忘れている)

beside the question「本題をはずれて」

(2) Your answer is *beside the question*.

(きみの答えは問題をはずれている)

3.13. BESIDES

意義と用例

[A] 「...のほかに」

(1) I have no friends **besides** you.

(私はきみのほかに友人がいない)

[B] 「besides+動名詞」:「...ばかりではなく」

(2) This book is instructive, **besides** *being* interesting.

(名古屋工大)

(この本は面白いばかりでなく為にもなる)

☞ この「besides+動名詞」の構文は，大学入試に多出。

3.14. BEYOND

3.14.1. 意義と用例

[**A**]　(i)「... を超えて；... の向こうに」

(1) My house is **beyond** those hills.

(私の家はあの山の向こうにあります)

☞ 日常語では beyond の代わりに on the other side of と言う。

(2) He lives **beyond** his income.

(彼は収入以上の生活をしている)

(3) The beauty of the scenery is **beyond** description.

(拓殖大)

(その景色の美しさは筆舌に尽くしがたい)

(4) She has gone far (　　) her brother in English.

(横浜市大)

(彼女は英語でははるかに兄を抜いてしまった)[*beyond*]

(ii)「(力・理解など) の及ばない所に」

(5) I am afraid the task is quite **beyond** *my power*.

(女子美大)

(この仕事は私の力にまったく及ばない)

3.14.2. 慣用例

beyond all praise「とても褒めきれない」

(1) His new novel is *beyond all praise*.

(彼の今度の小説は褒めきれないくらいすばらしい)

beyond doubt「疑いもなく，もちろん」

(2) I believe *beyond doubt* that he is honest.
(彼が正直であることは信じて疑わない)

3.15. BUT

3.15.1. 意義と用例
[A]「…を除いては」(＝except)

(1) I have nothing in the world **but** my home. （東京芸大）
(私には世界中で自分の家しかない)

(2) Nobody **but** James showed an interest in collecting stamps. （東京商船大）
(ジェームズ以外には切手収集に興味を示した者はいなかった)

(3) He was *the last* **but** *one* to leave the place. （東京外大）
(彼は最後から2番目にその場を去った)
☞「1人を除いて最後」だから，「ビリから2番目」ということになる。類例: the next house *but* one（一つ置いて隣の家）／the first turning *but* two（最初から3番目の曲がり角），など。

3.15.2. 慣用例
all but「ほとんど」(＝almost)

(1) He is *all but* dead.
(彼は死んだ同然だ)
☞「…という点を除いて全部」という原義から。つまり，ただ

死んでないというだけで、その他の点では死の状態に近いのである。

anything but「... では絶対にない」

(2) He is *anything but* a gentleman.
(彼は絶対に紳士ではない)

(3) The memory was *anything but* pleasant.
(その思い出は決して楽しくなかった)
☞ 他のどんな要素があろうとも、「楽しい」という要素だけはない、の意。

but for「... がなかったなら」(→ p. 33)

nothing but「... だけ」(= only)

(4) There was *nothing but* water everywhere.
(どこを見ても水しかなかった)

(5) It would be wrong to feel *nothing but* pity for the unfortunate. (東京芸大)
(不運な人々に憐れみしか感じないのは間違いだろう)

3.16. DOWN/UP

3.16.1. 意義と用例

down「...を下って、...を下へ」↔ **up**「...を上って、...を上へ」

(1) The monkey ran **down** [**up**] the tree.
(サルは木を駆け下りた [駆け上がった])

(2) The town is situated farther **down** [**up**] the river.
(町はその川のもっと下流［上流］に位置している)

(3) I was walking **down** [**up**] the street.
(私は通りを向こう［こちら］へ歩いて行った)
☞「道」などの場合は，必ずしも高低に関係なく，down は「ある点から向こうへ」，up は「ある点からこちらへ」に意味で用いられる。

3.16.2. 慣用例
up and down「あちらこちらと」

(1) He was walking *up and down* the room.
(彼は部屋の中をあちらこちら歩き回っていた)

3.17. DURING

意義と用例
[**A**]「... の間（のある時期に）」＜ *dure*「(古語)続く」の現在分詞。

(1) He called me **during** my absence.
(彼は私の留守中に電話してきた)

(2) A shower of rain fell **during** the night.
(夜の間ににわか雨が降った)

[**B**]「... を通じて」

(3) The sun gives light **during** the day.

(太陽は昼間ずっと光を与える)

(4) **During** the summer she worked as a lifeguard.

(LDCE⁵)

(夏の間ずっと彼女は水難監視人として働いた)

3.18. INSIDE

意義と用例

「... の内側に」(↔ outside)

(1) He was standing just **inside** the gate.
   (彼は門のちょうど内側に立っていた)
(2) We went **inside** the house to talk.
   (私たちは話し合うために家の中へ入った)

3.19. INTO

3.19.1. 意義と用例

[A] 「... の中へ」(運動)

(1) Come **into** my house with me.
   (一緒に家の中へ入りましょう)
(2) He jumped **into** the water with a splash.
   (彼はじゃぶんと水の中に飛び込んだ)
(3) She threw the letter **into** the fire.
   (彼女はその手紙を火の中へ投げ込んだ)
   ☞ この場合 *in* the fire としてもよいが,それはくだけた文体

[B] 「...まで」(時間)

(4) We talked with him far (　) the night. (和歌山医大)
(私たちは夜更けまで彼と話し合った) [*into*]

[C] 「...に」(変化)

(5) Water is frozen **into** ice.
(水は凍って氷になる)
(6) They changed the kingdom **into** a republic. (東京外大)
(彼らはその王国を変えて共和国にした)
(7) They make glass **into** bottles. (東京医大)
(ガラスは瓶に作られる)
(8) She was frightened **into** silence. (神奈川大)
(彼女はおびえて黙ってしまった)
(9) I was persuaded (　) doing it against my will.

(兵庫農大)

(私は説き伏せられて心ならずもそれをした) [*into*]

3.19.2. 慣用例

come into existence [being]「生じる」

(1) When did this world *come into existence*? (明治学院大)
(この世界はいつ生じたのか)

look into「...を調査する」

(2) The manager should *look into* all the accounts.

(関東学院大)

(支配人はすべての勘定を調査しなければならない)

put into practice「...を実行する」

(3) This sounds like a good theory, but how can it be *put into practice*? (神戸外大)

(これはりっぱな理論に聞こえるが，それをどのように実行するのかね)

take into account「...を考慮に入れる」

(4) We must *take* his youth *into account*.

(彼が若いことを顧慮に入れなければならない)

3.20. LIKE

意義と用例

「...のような，...と比較すべき」

(1) Do it **like** this.

(それをこんなふうにやりなさい)

(2) Don't talk **like** that.

(そんな口の利き方をするな)

(3) I cannot do it **like** him.

(それを彼のようにはできない)

(4) He drinks **like** a fish.

(彼は鯨飲する)

(5) The cat darted out of the room **like** a lightning.

(猫は稲妻のように部屋から飛び出した)

NB like は, 前置詞のように「関係概念」を表さず, 次例のように, 比較変化をすることもできるので, むしろ, near, worth などと同様に, 目的語をとる形容詞と見るべきだろう.

 (i) He's growing *more like* his father every day.　　(LDCE[5])
   (彼は日増しに父親に似てきている)
 (ii) Who comes *nearest* him in wit.　　(COD[5])
   (機知の点で彼に一番近いのは誰か)
 (iii) Kyoto is *worth* visiting.
   (京都は訪れる価値がある)

3.21. NEAR

3.21.1. 意義と用例

[**A**] 「...の近くで」

(1) He came home **near** midnight.

(彼は真夜中近くに帰宅した)

(2) We are **near** victory.

(われわれは勝利に近づいている)

(3) The sun is **near** setting.

(陽は沈みかけている)

次のような例は, near が形容詞であることを示している. near の品詞についての議論は, なお前項を参照されたい.

(4) They moved house to be **nearer** the school. (LDCE[5])
（彼らは家を学校により近いところへ移した）

(5) I know a hotel *near to* 《英》 the beach.
（私は海辺に近いホテルを知っている）

3.21.2. 慣用例

come near to doing「今少しで...するところ」

(1) I *came near to* forget*ting* it.
（それを危うく忘れるところだった）

(2) The loss *went near to* ruin*ing* him.
（その損失で彼は危うく破産するところだった）
☞ これらの例の near は副詞。

3.22. OFF

3.22.1. 意義と用例 (↔ on)

［A］「...から離れて」

(1) The cover is **off** the box.
（箱の蓋が取れている）

(2) Leaves fall **off** the trees in the autumn.
（秋には木から葉が落ちる）

(3) His house is a little **off** the road.　　　（和歌山医大）
（彼の家は道路から少し離れた所にある）

(4) The ship was **off** the island.
（船はその島の沖合にいた）

(5) Keep (　　) the grass.　　　　　　　　　　　(学習院大)

(芝生に入ってはいけない) [*off*]

3.22.2. 慣用例

off duty「非番で」(↔ on duty [p. 75])

(1) The policeman was *off duty* at the time.
(その警官はその時非番だった)

off smoking「禁煙して」

(2) He has been *off smoking* for a time.
(彼はしばらく前から禁煙している)

3.23. OUT OF

意義と用例

[A]　「...から外へ」(↔ into)

(1) He was in and **out** (　　) the house all morning.

(東京芸大)

(彼は午前中ずっと家を出たり入ったりしていた) [*of*]

(2) He is **out of** town this week.
(彼は今週町にいない)

(3) Can you help me **out of** my trouble?
(私が困っているのを助けてくれませんか)

[B]　「(動機) から」

(4) He gave some money to the poor child **out of** pity.

(防衛大)

(彼は憐れみからその哀れな子に金を与えた)

[C] 「...のうち」

(5) This is only one instance **out of** ten.

(これは10例中の1例にすぎません)

[D] 「...から」(材料)

(6) She made a hat **out of** bits of old material.

(彼女は古い布切れから帽子を作った)

☞ Wine is *made* (*out*) of grapes.(ワインはぶどうから作られる) とも言えるが，例 (6) のように make のあとに目的語があるような場合は，out of が好まれる。

[E] 「...がなくなって」

(7) We are **out of** sugar.

(砂糖を切らしている)

(8) I am **out of** patience with him.

(彼には堪忍袋の緒が切れた)

☞ 同様に，*out of* work（失業して）／*out of* fashion（はやっていない）／*out of* breath（息切れがして），など。

(9) He *cheated* her **out of** her money.

(彼はその女をだまして金を巻き上げた)

(10) We *reasoned* him **out of** his fears.

(私たちは道理を説いて彼に心配を捨てさせた)

3.24. OUTSIDE

意義と用例

[A] 「...の外側に」(↔ inside)

(1) He was standing just **outside** the door.
   (彼はドアのすぐ外側に立っていた)
(2) They went **outside** the house to talk.
   (彼らは話し合うために戸外に出て行った)

[B] 「...のほかには」(= other than)

(3) He has no occupation **outside** his office work.
   (彼は会社の仕事のほかに仕事はない)
(4) No one knows **outside** the members of my family.
   (家族の者以外には誰も知らない)

3.25. OVER

3.25.1. 意義と用例

[A] 中核的な意義: over の中核的な意義は「半円形の経路」(semicircular path)である。

(1) The dog jumped **over** the fence.
   (犬はフェンスを飛び越えた)

(2) Sam walked **over** the hill.

(サムは丘を歩いて越えた)

次の諸例では,「半円形の経路」という中核的な意義が比喩的に使用されている。

(3) Let's talk **over** a cup of tea. (神奈川大)

(お茶を飲みながら話し合いましょう)[食事]

(4) They spoke **over** the phone.

(彼らは電話で話した)[通話手段]

(5) They had an argument **over** money.

(彼らはお金のことで議論した)[論題]

(6) Many changes happened **over** six months.

(6ヶ月の間に多くの変化が起こった)[期間]

次例は,弧の一部が焦点化(profile)されている。

(7) The picture is **over** the fireplace.

(絵は暖炉の上にある)[弧の頂点]

(8) The invalid is **over** the hill.

(病人は峠を越えた)[弧の下向き部分]

(9) Sam lives **over** the hill.

(サムは丘の向こう側に住んでいる)[弧の終点部分]

3.25.2. 慣用例

look over「... に目を通す」

(1) I am *looking over* the examination papers. (近畿大)

(私は試験の答案に目を通しているところです)

over and above「... のほかに」(= besides)

(2)　The waiters get tips *over and above* their wages.
　　 (給仕人は給料のほかにチップをもらう)

watch over「... の見張りをする」

(3)　At night, the dog *watches over* the house.　(東京医大)
　　 (夜分その犬は家の見張りをする)

3.26. PAST

意義と用例

「... を超えて；... を通り越して」

(1)　He walked **past** me without speaking.　[場所]
　　 (彼は口もきかずに私のそばを通り過ぎた)

(2)　It is half **past** ten.　[時間]
　　 (10時半です)

(3)　The pain was almost **past** bearing.　[限界]
　　 (その痛みはほとんど耐えられないくらいだった)

(4)　He is **past** praying for.　[限界]
　　 (彼はとても改心の見込みはない)

3.27. ROUND/AROUND

意義と用例

共に「... の回りに，... を回わって」の意味に用いるが，〈英〉では round を，〈米〉では around を用いることが多い。

(1) They sat **round [around]** the table.
(彼らはテーブルを囲んで座った)

(2) I walked **round [around]** the pond.
(私は池の周囲を歩き回った)

(3) His house is just **round [around]** the corner.
(彼の家はちょうど角を曲がった所にあります)

3.28. SINCE

意義と用例

「(現在完了時制とともに) ... 以来 (いままで)」

(1) I have eaten nothing **since** yesterday.
(きのう以来何も食べていません)

(2) **Since** last seeing you I have been ill.
(この前お会いしてからずっと私は病気です)

(3) It is [has been] **since** his death.
(彼が亡くなってから 10 年になる)
☞「... してから何年になる」は，〈英〉では It is ... years であるが，〈米〉で It has been ... years とする傾向がある（BNC (= British National Corpus) にはこの形式はない）。

3.29. THROUGH

3.29.1. 意義と用例

[A] 「... を通り抜けて，... を貫いて」

(1) The Sumida flows **through** Tokyo into the sea.

(東海大)

(隅田川は東京を貫流して海に注ぐ)

(2) I'm looking at you **through** the glass.
(私はガラスを通してきみを見ている)

(3) He was a very honest merchant all **through** his life.

(文化女子大)

(彼は一生涯を通じて非常に正直な商人であった)

(4) He was just **through** high school.
(彼はハイスクールを卒業したばかりだった)

[B] 「... によって」(手段)

(5) I succeeded chiefly **through** his help.
(私は主に彼の助力のおかげで成功した)

(6) (　　) his not knowing his way, we got lost.
(彼が道を知らなかったため，私たちは道に迷った) [*Through*]

(7) It was **through** your carelessness that we were late.
(私たちが遅れたのは，きみの不注意のためだった)

3.29.2. 慣用例

get through「... をパスする」

(1) I did not *get through* the examination.

(私はその試験にパスしなかった)

go through「... を経験する」

(2) He *went through* many hardships.

(彼は多くの苦難をなめた)

3.30. THROUGHOUT

意義と用例

意義:「... じゅう，... を通じて」through を out で強めた形で，次の二つの用法しかない。

(1) Terror spread **throughout** the city. ［空間的］

(恐怖が町じゅうに広がった)

(2) He had been busy **throughout** the year. ［時間的］

(彼はその年じゅう忙しかった)

3.31. TILL/UNTIL

3.31.1. 意義と用例

［A］ 共に「... まで」(時間) の意味 (until のほうがやや頻度が高い)。

(1) I will wait for you **till** five. (共立美大)

(5 時までお待ちしましょう)

(2) The athletic meet will be postponed **till** the first fine

day. (神奈川大)

(運動会は天気がよくなるまで延期されます)

(3) I work from nine **till** [*by*] five.

(私は9時から5時まで働く)

☞ till は「継続」を表すものなので,「完了」を表す by (... までに) で置き換えることはできない。

(4) The ticket is valid **until** March. (LDCE[5])

(その切符は3月まで有効です)

3.32.2. 慣用例

It is not till [until] ... that「... に至ってはじめて」

(1) *It was not until* ten *that* he came here.

(10時になってやっと彼はやって来た)

(2) *It was not until* last night *that* I got the news.

(ゆうべになってやっと私はその知らせに接した)

3.33. TOWARD(S)

3.33.1. 意義と用例 (toward は〈米〉, towards は〈英〉)

[**A**]「... の方へ」(= in the direction of)

(1) He was walking **toward**(**s**) the sea.

(彼は海の方へ歩いていた)

(2) This was the first step **toward**(**s**) peace.

(これは和平への第一歩だった)

(3) His feeling **toward**(**s**) us is friendly.

(彼の私たちへの感情は，友好的なものだった)

[B]「...に近く，...ごろ」(時刻)

(4) It grew cold **toward**(s) evening.
(夕方近くに冷たくなった)

[C]「...のために」(<...に向かって)

(5) He saved some money **toward**(s) his son's education.
(彼は息子の教育のためにいくらか貯金した)

3.33.2. 慣用例
go far toward(s)「...に大いに役立つ」

(1) This will *go far toward(s)* solving the problem.
(これはその問題の解決に大いに役立つだろう)

3.34. UNDER

3.34.1. 意義と用例
[A]「...の下に；...以下で」(↔ over)

(1) The cat is **under** the desk.
(猫はデスクの下にいる)

(2) She hid her face **under** the bedclothes.
(彼女はふとんの中に顔を隠した)

(3) There is nothing new **under** *the sun*.

(この世に新しいことはない)

(4) Whales are classified **under** mammals.

(鯨はほ乳類の中に分類される)

(5) She must be **under** thirty.

(彼女は 30 歳以下にちがいない)

[**B**] 「(条件・状態) のもとに」

(6) This market is **under** our control.

(この市場はわれわれの統制下にある)

(7) She broke down **under** the burden of sorrow.

(彼女は悲しみの重荷に耐えかねて泣きくずれた)

次の諸例では「under + 動作名詞」で, 「... という情況下にある」という意味を表している。

(8) This road is **under** *repair*.

(この道路は修理中である)

(9) The problem has been **under** careful *consideration* since last year. (滋賀大)

(この問題は, 昨年以来慎重に考慮されてきている)

☞ 同様に: a bill *under discussion* (討議中の法案)／the book *under review* (いま書評されているこの本), など。

3.34.2. 慣用例

under cover of「(闇など) にまぎれて」

(1) We attacked the enemy *under cover of* darkness.

(東京外大)

(われわれは暗闇にまぎれて敵を攻撃した)

under the name of「...という名前で」

(2) He was living *under the name of* Bill Smith.

(彼はビル・スミスという名前で暮らしていた)

3.35. WITHIN

3.35.1. 意義と用例

[A]「《文語》...の内部に」(= inside)

(1) The noise seems to be coming from **within** the building. (OALD^8)

(その物音はその建物の内部から聞こえてきているようだ)

[B]「...以内に」

(2) Live **within** your income. ［程度］

(あなたの収入の以内で生活しなさい)

(3) I will be back **within** an hour. ［時間］

(1時間以内に帰ってきます)

☞ 比較せよ: *within* a week (1週間以内に)／*in* a week (1週間たつと)。

3.35.2. 慣用例

within call [hearing]「呼べば聞こえる所に」

(1) You must leave the room, but stay *within call*.

(福島大)

(きみは部屋を出て行かなければならないが，呼べば聞こえる所にいたまえ)

within ... of 「～から ... の所に」

(2) The hotel is situated *within* ten minutes *of* the station. (岡山大)

(そのホテルは，駅から10分で行ける所にある)

(3) Books are now *within* the reach *of* everybody.

(京都学芸大)

(書物は今日では万人の手の届くところにある)

☞ within ... *from* とは言わない。

3.36. WITHOUT

3.36.1. 意義と用例

[A] 「... がなくて」(↔ with)

(1) We are **without** servants now.
(私たちは目下お手伝いがいません)

(2) Don't go **without** a hat.
(帽子をかぶらずに出かけてはいけません)

(3) I cannot walk **without** a stick.
(私はステッキなしには歩けません)

(4) **Without** water nothing could live. (鳥取大)

(水がなければ何物も生きていけない) [= but for]

(5) He tried again and again (　) success.　　(都立大)

(彼は何度も何度も試みたが，成功しなかった) [*without*]

[B] (動名詞とともに)「...しないで」

(6) He can speak English **without** *making* mistakes.

(彼は間違いをしないで英語を話すことができる)

(7) He passed by me **without** *seeing* me.

(彼は私を見ずに通り過ぎた)

(8) You've been reading my book **without** *telling* me.

(きみは僕に断らずに僕の本を読んでいたね)

(9) I never read this book (　) *finding* a new meaning.　　(明治大)

(この本を読むと必ず新しい意味を発見する) [*without*]

3.36.2. 慣用例

do without「...なしで済ます」

(1) I cannot *do without* this dictionary.

(この辞書なしでは済まされない)

go without saying「言うまでもない」

(2) It *goes without saying* that health is above wealth.

(健康は富に勝ることは言うまでもない)

not [never] ... without doing「～せずに...することはない→～すれば必ず...する」

(3) You can*not* make an omelet *without* break*ing* eggs.

(島根大)

(卵を割らずにオムレツは作れない → ものには順序がある)

(4) I *never* look at this picture *without* be*ing* reminded of my childhood. (名古屋大)

(私はこの写真を見ると必ず幼年時代を思い出す)

without doubt「疑いなく,むろん」

(5) He will succeed *without doubt*.

(彼はむろん成功する)

without fail「まちがいなく,必ず」

(6) He said that he would come *without fail*. (工学院大)

(彼は必ず来ると言った)

第4章

総合研究

本章では，意味が接近していて紛らわしい前置詞を比較研究する。

4.1. 場所の at, in

話し手がある場所に「広がり」を感じている場合は in を用い，「地点」と感じている場合は at を用いる。

(1) a.　I am living **in** Birmingham now.

　　　（私は，現在バーミンガムに住んでいます）

　　b.　I arrived **at** Birmingham yesterday.

　　　（私は昨日バーミンガムに到着した）

(1a) では現在住んでいる場所なので「広がり」を感じているわけであり，(1b) では昨日到着した場所なので地理上の「一点」（たとえば，駅）と感じているのである。

(2) a. There are two churches **in** this village.

 (この村には教会が二つある)

 b. I am giving speech **at** church tomorrow.

 (私はあす教会でスピーチをします)

(3) a. I walked about **in** his shop looking for a book.

 (私は本を探して彼の店の中を歩き回った)

 b. I bought this book **at** his shop.

 (彼の店でこの本を買った)

4.2. 場所の on, up, above, over; beneath, down, below, under

《ポイント》 これらの前置詞の関係を図示すれば，だいたい，次のようである。

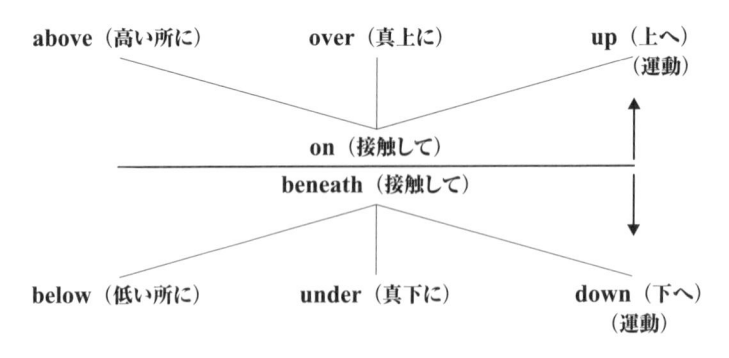

```
above (高い所に)      over (真上に)         up (上へ)
                                            (運動)
            on (接触して)
         ─────────────────────────────────
            beneath (接触して)

below (低い所に)     under (真下に)        down (下へ)
                                            (運動)
```

(1) a. The picture is **above** the mantelpiece.

 (その絵は炉棚の上方にある)

 b. The mantelpiece is **below** the picture.

(炉棚はその絵の下方にある)

(2) a. There is a lamp **over** the table.

(テーブルの上方に電灯がある)

b. There is a cat **under** the table.

(テーブルの下に猫がいる)

(3) a. He went **up** the hill.

(彼は丘を登った)

b. He went **down** the hill.

(彼は丘を下った)

(4) a. He had a ring **on** his finger.

(彼は指輪をはめていた)

b. He was wearing a waistcoat **under** [**beneath**] his coat.

(彼は上着の下にチョッキを着ていた)

☞ beneath は文語で，この場合，普通 under を用いる。

4.3. 時間の at, in, on

《ポイント》 **at** は「時点」を，**in** は「期間」を，**on** は特定の「日」の場合に用いる。

(1) **at** half past ten (10 時半に)／**at** the end of July (7 月の末に)／**at** that moment (その瞬間に)／**at** noon (正午に)／**at** sunset (日没時に)

(2) **in** the daytime (日中に)／**in** (the) summer (夏に)／**in** 2001 (2001 年に)／**in** the twenty-first century (21 世紀

に)

(3) **on** Monday (月曜日に) ／ **on** [×in] the morning of 10th (10日の朝に) ／ **on** that occasion (その時に)

(4) a. It occurred **in** the evening.
   (それは晩に起こった)

   b. It occurred **on** the evening of the 2nd.
   (それは2日の晩に起こった)

(5) He will arrive **at** two o'clock **on** Friday.
   (彼は金曜日の2時に到着するだろう)

(6) "Were you born **in** April?" "No, I was born **on** March 31." (津田塾大)
   (「あなたは4月に生まれたのですか」「いいえ，3月31日に生まれました」)

4.4. 時間の from, since

《ポイント》 since は「ある時から今まで」の意味であるから，現在完了時制に用いられるが，from は単に「時の起点」を示すのみであるから，その他のどんな時制とも用いられる。

(1) He began [begins, will begin] **from** Monday.
   (彼は月曜日から仕事を始めた[始める，始めるだろう])

(2) I have lived [have been living] here **since** then.
   (私はその時以来ここに住んできた[ずっと住んでいる])

(1)の from を since に，(2)の since を from に置き換える

ことはできない。

ただし, from olden times（むかしから）／from a child [boy]（子ども時代から）などの句は, 例外的に現在完了時制とともに用いられている。

(3) I have known him **from** a boy [= **since** he was a boy].
（彼のことは子ども時代から知っている）
☞ since *I* was a boy という意味にならない。

4.5. 時間の in, after

《ポイント》「(時間が)たって」の意味では, 未来には **in** を, 過去には **after** を用いる。

(1) He said he would come **in** a few days.
（彼は 2, 3 日したら来ますと言った）
(2) He came back **after** ten days.
（彼は 10 日後に帰ってきた）

もちろん,「... 以後」は after しか使用できない。

(3) I shall be at home **after** five o'clock.
（5 時以後は在宅しています）

4.6. 時間の by, till, before

《ポイント》 **by**「... までに」は「完了」を, **till**「... まで」は「継

続」を表す。

(1) **By** this time tomorrow I shall have done it. （埼玉大）
(あすの今ごろまでには，それをなし遂げているでしょう)

(2) I shall have to stay in the office **till** 5 o'clock. （岩手大）
(5時まで事務所にいなければならないでしょう)

till は「継続」を表すので，wait, stay などの「継続動詞」と共起するのが普通である。come back, reach, finish などの「瞬間動詞」とともに用いる場合は，通例，否定文にしなければならない。そして否定文では，till, before はほぼ同義になってくる。

(3) I can*not* go **till** [**before**] he comes.
(彼が来ないうちは行けない)

4.7. 時間の during, for

《ポイント》 during (...の間に) は「特定の期間」に用い，for (...の間) は，普通「不特定の期間」に用いる。

(1) Where did you go **during** the summer vacation?
(夏休みの間にどこへ行きましたか)

(2) I have been learning English **for** five years.
(5年間英語を勉強しています)

4.8. by, with

《ポイント》 **by** は「行為者」を，**with** は「道具」を表す。

(1) He was killed **by** his enemy.
    (彼は敵に殺された)
(2) He was killed **with** a sword.
    (彼は剣で殺された)
(3) It was written **by** me **with** a pencil.
    (それは私が鉛筆で書いたものです)
(4) He was killed **by** a robber **with** a pistol.
    (彼は盗っ人にピストルで殺された)

☞ *by* bus [train, wire] (バス [列車, 電報] で) などの by は、「...を用いて」という意味の「手段」を表す: He went there *by* boat. (彼は船でそこへ行った) (→ p. 20)。

4.9. 材料の from, of

《ポイント》 **from** は「原料」を表し，**of** は「材料」を表すのが原則である。

(1) Steel is made **from** iron.
    (鋼鉄は鉄から造られる)
(2) That bridge is made **of** steel.
    (あの橋は鋼鉄製だ)
(3) Wine is made **from** grapes.
    (ブドウ酒はブドウから造られる)
(4) The shoes are made **of** leather.
    (その靴は革製だ)

☞ Grapes are *made into* wine. (ブドウはブドウ酒に造られ

る) の into は,「変化の into」(→ p. 124) である。

make と of が離れている場合は, out of を用いることが多い。

(5) She made them **out of** old cigar-boxes.
(彼女はそれらを古い葉巻の箱を利用して造った)

4.10. 価格の at と for

《ポイント》 **at** は「価格」を, **for** は「交換」を示す。

(1) I sold them **at** a good price.
(私はそれらを良い値で売った)
(2) I sold them **for** fifty dollars.
(私はそれらを 50 ドルで売った)
(3) I will not have **at** any price.
(値段はいくらでもそれを買いません)
(4) I bought it **for** 1,000 yen, but in America such ones are sold **at** five dollars apiece.
(私はそれを 1,000 円で買ったが, アメリカではそのような品は 1 個 5 ドルで売られている)
☞ apiece は「1 個につき」という意味で,「価格」を示すから at が用いられる。

4.11. 結果の to, into

《ポイント》 **to** は「結果」を, **into** は「変化」を表す。

(1) He was frozen **to** death.

(彼は凍え死んだ)

(2) Heat changes ice **into** water.

(熱は氷を水に変化させる)

(3) I found **to** my joy that he was alive. （和歌山医大）

(彼が生存していることを知って,私はうれしかった)

(4) He starved **to** death. （立教大）

(彼は飢え死にした)

(5) She was frightened **into** silence. （神奈川大）

(彼女はおびえて黙ってしまった)

4.12. 出所の from, of

《ポイント》 「出所」は普通 from で表し, of は be born *of* (... 生まれである)／come *of* (... 出(身)である)／ask A *of* B (B から[に] A を尋ねる) などにしか用いられない。

(1) He comes **from** Kyushu.

(彼は九州出身だ)

(2) She comes **of** a good family.

(彼女は良家の出身だ)

(3) I received money **from** him.

(彼から金を受け取った)

(4) I learned English **from** an American.

(アメリカ人から英語を学んだ)

☞ (3), (4) で of を用いることもできるが, from よりも古風

である。

(5) He was born **of** an Italian father.
(彼はイタリア人を父として生まれた)［＜父から］

(6) I asked a question **of** him.
(私は彼に質問を（一つ）した)

4.13. die of, die from

《ポイント》 **die of は病気など「内的な原因」で，die from は怪我など「外的な原因」で死ぬことを示すのが原則である。**

(1) He died **of** an illness [hunger, grief, old age, etc.].
(彼は病気［飢え，悲しみ，老衰，など］で死んだ)

(2) He died **from** overwork [eating too much, a blow, etc.].
(彼は過労で［食べ過ぎて，ぶたれて，など］死んだ)

ただし，最近の上級英英辞典では両者を区別しないのが普通である。

(3) She died **of/from** hunger/cancer/a heart attack/her injuries. (CALD^3)
(彼女は飢え［がん，心臓発作，怪我］で亡くなった)

(4) to die **of/from** cancer (OALD^9)
(がんで死ぬ)

4.14. with a pencil, in pencil

《ポイント》 ***with*** **a pencil** は「筆記用具」を，***in*** **pencil** は「様式」を表す。

(1) Don't write a letter **with** a pencil.
　　（手紙を鉛筆で書いてはいけない）
(2) His memo was written **in** pencil.
　　（彼の覚え書きは鉛筆で書かれていた）
　　☞ in pencil の pencil は，物質名詞として考えられているので a が付かない。

同様な関係は，次の場合にも見られる。

(3) You must write **with** a pen.
　　（きみはペンで書かなければならない）［筆記用具］
(4) Must I write **in** ink?
　　（インクで書かねばなりませんか）［様式］

4.15. 「前置詞＋oneself」

by *one*self《ポイント》「ひとりぽっちで」

(1) He lives *by himself*.
　　（彼はひとりぽっちで暮らしている）
(2) She was sitting *by herself*, meditating. 　　　　　（岐阜大）
　　（彼女はひとり座って，黙想していた）

for *one*self (i) 《ポイント》「自分のために」

(3) This one I shall keep *for myself*.
(これは私の分にとっておきましょう)

(ii) 「自分で，独力で」

(4) You must find it out *for yourself*.
(きみは自分でそれを見つけ出さなければならない)

in itself 《ポイント》「本来，それだけで」

(5) He regards wealth as a precious end *in itself*.
(彼は富をそれ自体で貴重な目的だと考えている)

of itself 《ポイント》「ひとりでに」

(6) Can you believe that the heavy door opened *of itself*?
(きみはあの重たいドアがひとりで開いたなどと信じられますか)

4.16. 備えの for, against

《ポイント》 for も against も，共に「...に備えて」の意味を表すが，against は特に for よりも悪い事態（事故とか敵など）に備える場合に用いる。

(1) I must prepare myself **for** the examination.
(私は試験の準備をしなければなりません)

(2) Store up your grain **against** famine.
(飢饉に備えて穀物を蓄えよ)

4.17. 原因の at, with, over

《ポイント》 at は「...に接して (驚く, 喜ぶ)」などのように感情の生じる「接点」を表す。

(1) He was frightened **at** the sight.
(彼はその光景を見ておびえた)

《ポイント》 with は「寒さに震える」のように, 特定の身体的動作が生じる原因を表す。

(2) He cried **with** pain.
(彼は痛さのために悲鳴をあげた)

(3) I was tired **with** a long walk.
(私は遠道を歩いたために疲れていた)
☞ いまは be tired *from* のほうが普通。

《ポイント》 over は「...のことで (笑う, 相談する)」などのように「関心事」を表す。

(4) The teacher is troubled **over** the students' behavior in class.
(その教師は授業中の生徒の行状に悩まされている)

(5) Let's talk **over** the matter.
(その問題を相談しましょう)

(6) He is troubled **over** his health.
   (彼は健康のことで心配している)

第5章

紛らわしい句動詞（＝動詞＋前置詞）

abound in「(人や物) が (場所に) たくさんいる [ある]」

(1) Fish *abound in* the ocean.
（海には魚がたくさんいる）

abound with「(場所などが) (...が) うようよしている」

(2) The house *abounds with* rats.
（その家にはネズミがいっぱいいる）

agree on「(会議の上で) ...で取り決める」

(3) We *agreed on* the terms.
（私たちはその条件で取り決めた）

agree to「(提案) に賛成する」

(4) He didn't *agree to* my proposal.
（彼は私の提案に賛成しなかった）

agree with「(人) と同意見である」

(5) I *agree with* you on this matter.
(この件についてはきみと同意見です)

ask A for B「B をくれと A (人) に頼む」

(6) He never *asked* me *for* anything.
(彼は私に何かを頼んだことは一度もない)

ask A of B「B に A を尋ねる」

(7) May I *ask* a favor *of* you?
(ひとつお願いしてもいいですか)

ask after「(人) の安否を尋ねる」

(8) I *asked after* my sick friend.
(病気の友人の安否を尋ねた)

attend to「(仕事) に精を出す」

(9) I have a great deal to *attend to* today.
(きょうはするべき仕事がたくさんある)

attend on [upon]《文語》「(人) に仕える」

(10) The lady was *attended on* [*upon*] by her maid.
(その貴夫人は侍女にかしずかれていた)

be attended with「(結果として) ... を伴う」

(11) His plan *was attended with* great difficulties.
(彼の計画は大きな困難を伴っていた)

beg of a person **to** do「人に ... してくれと頼む」

(12) I *beg of* you *to* keep perfectly still.
(どうか全くじっとしていてください)

beg for「... をくれと言う」

(13) The beggar *begged for* money.
(乞食は金を無心した)

call at「(場所)を訪ねる」

(14) I *called at* his house yesterday.
(きのう彼の家を訪問した)

call on「(人)を訪ねる」

(15) I *called on* Mr. Smith at his office.
(私はスミス氏を事務所に訪ねた)

call for「... を要求する」

(16) He *called for* a glass of beer.
(彼はビールを一杯くれと言った)

call on [upon] a person **for [to** do]「人に ... を[... してくれと]要求する」

(17) We *called upon* him *for* a speech.

(私たちは彼にスピーチを求めた)

(18) He was *called upon* in the court *to* give evidence.
(彼は法廷で証言するように求められた)

come across「... に出くわす」

(19) I *came across* the Bible when I was 12 or 13.
(私は 12 か 13 のとき聖書と出会った)

come at「(真理など) を見つける」

(20) The truth is often difficult to *come at*.
(真理はしばしば見つけにくい)

come by「... を手に入れる」

(21) How did you *come by* this book?
(どのようにしてこの本を手に入れたのですか)

come up with「... に追いつく」

(22) John *came* slowly *up with* us.
(ジョンはゆっくりと私たちに追いついた)

compare A to B (i)「A を B にたとえる」

(23) Life is often *compared to* voyage.
(人生はよく船旅にたとえられる)

(ii)「A を B と比較する」(i) の意味よりもまれ。

(24) *Compared to* our small flat, Bill's house seemed like

a palace. (LDCE[5])

(私たちの小さなアパートと比べたら，ビルの家は宮殿のように思われた)

compare A with B「A と B とを比較する」

(25) *Compare* the translation *with* the original.
(翻訳を原文と比較してみなさい)

consist in《文語》「... に存する」

(26) For her, happiness *consists in* watching television and reading magazines. (CALD[3])
(彼女にとって，幸福はテレビを見ることと雑誌を読むことにある)

consisit of「... から成り立つ」

(27) The committee *consists of* ten members. (OALD[8])
(委員会は10人のメンバーから成り立っている)

consist with《文語》「... と両立する，... と一致する」

(28) His actions do not *consist with* his words.
(彼の行動は言葉と一致しない)

deal in「(商品) を商う」

(29) He *deals in* silk goods.
(彼は絹織物を商っている)

deal with「... を取り扱う」

(30) Teachers should *deal* fairly *with* their pupils.
(教師は生徒を公平に扱うべきである)

differ from「... とは異なる」

(31) My view *differs from* yours.
(私の見解はきみのとは異なる)

differ with「(人) と意見を異にする」

(32) I *differ with* you as to the meaning of this phrase.
(この句の意味についてはきみとは異なる)

distinguish A from B「A と B とを区別する」

(33) I sometimes have difficulty *distinguishing* Spanish *from* Portuguese.
(スペイン語とポルトガル語を区別するのは困難なときがある)

distinguish between「... を見分ける」

(34) It's important to *distinguish between* business and pleasure.
(職業と快楽を区別するのは重要だ)

do with (i)「... を処置する」

(35) I can *do* nothing *with* that boy.
(あの少年はどうにも手に負えない)

(ii)「... で済ます」

(36) You must *do with* what you've got.
(いま持っているもので済まさなければならない)

do without「... なしで済ます」

(37) I can *do without* this book till Monday.
(月曜日までこの本はなくてもよい)

enter into「(詳細など) にわたる，... に立ち入る」

(38) You need not *enter into* details.
(きみは詳細にわたるには及ばない)

enter on [upon]「(事業) に乗り出す」

(39) He finally *entered into* a political career.
(彼はついに政界に乗り出した)

fail in「... に失敗する」

(40) He *failed in* his attempt to break the record. (CALD[3])
(彼はその記録を破ろうとして失敗した)

fail of「(目的) を達成しえない」

(41) She never *fails of* bewitching the reader.
(彼女は読者を魅了せずにはおかない)

(42) That man never *fails of* his purpose.
(あの男は必ず目的を達成する)

not [never] fail to do「必ず...する」

(43)　Do*n't fail to* let me know.　　　　　　　　　　（宮崎大）
　　　（必ず私に知らせてください）

get at「...を得る，...をつかむ」

(44)　To *get at* the truth of any history is good.
　　　（何の歴史でも真実を知ることは良いことである）

get to「...に到着する」

(45)　When shall I *get to* my destination?
　　　（いつ私が目的地に到着するのだろうか）

have to do with「...と関係がある」

(46)　I *have* nothing *to do with* that fellow.
　　　（私はあの男と少しも関係がない）

inquire after「(人)の安否を尋ねる」

(47)　She *inquired after* his grandfather's health.
　　　（彼女は彼の祖父はお元気ですかと尋ねた）

inquire for (i)「(人)を訪ねてくる」

(48)　Has anybody *inquired for* me today?
　　　（誰かきょう私を訪ねてきましたか）

(ii)「(物)を求める」

(49) I *inquired for* the book at the store.
(その店でその本があるかと聞いた)

inquire into「... を調査する」

(50) The police will *inquire into* the cause of this riot.
(警察はこの暴動の原因を調査するだろう)

keep from「... を控える」

(51) He could not *keep from* the use of tobacco.
(彼は喫煙を控えることができなかった)

keep to「(約束など) を守る」

(52) Always *keep to* your promise.
(いつも約束を守りなさい)

live off「... に寄食する，... のすねをかじる」

(53) He's 40 and he still *lives off* his parents.
(彼は40歳だが，まだ親のすねをかじっている)

live on「... を食べて暮らす」

(54) The Japanese mainly *live on* rice.
(日本人は主に米を常食とする)

live with「... と同居する」

(55) A Ukrainian zookeeper *lives with* lions for 5 weeks.
(ウクライナの動物園の飼育係，5週間ライオンと同居する)

look after「(子どもなど)を世話する」

(56) He has no children to *look after*.
(彼には世話をするべき子どもがいない)

look for「…を捜す」

(57) What are you *looking for*?
(きみは何を捜しているのですか)

look into「…を調査する」

(58) The police are *looking into* the records of these people.
(警察はこれらの人々の履歴を調査しているところだ)

look down on [upon]「…を見下す，…を軽蔑する」(=despise)

(59) He now *looks down on* his former friends.
(彼は今やむかしの友人を見下している)

look up to「…を尊敬する」(=respect)

(60) One cannot help *looking up to* a man like him.
(彼のような人物は尊敬せずにはいられない)

look on [upon] A as B「A を B とみなす」

(61) Gambling is *looked upon as* a sin.
(賭け事は罪悪だとみなされている)

make after「…を追いかける」

(62) The police officer *made after* the robber.
(警察官は強盗を追いかけた)

make for「... に寄与する」

(63) Disarmament is sure to *make for* peace.
(軍縮は確かに平和に寄与する)

make up for「... を取り返す」

(64) I must *make up for* lost time.
(私は空費した時間を取り返さなくてはならない)

originate in「(ある事柄)から起こる」

(65) The war *originated in* national rivalry.
(その戦争は国家間の競争から起こった)

originate with「(人)から始まる」

(66) *With* whom did this scheme *originate*?
(この計画は誰が始めたのか)

part from「(人)と別れる」

(67) Being *parted from* his family made him feel homesick. (MED²)
(彼は家族と別れたためにホームシックになった)

part with「(物)を手放す」

(68) I don't want to *part with* any of my books.

(私は自分のどの本も手放したくない)

provide against「(危険など) に備える」

(69)　We must *provide against* a rainy day.
(私たちはまさかの時のため備えなければならない)

provide for「(将来など) に備える」

(70)　He worked hard to *provide for* his old age.
(彼は老後に備えて懸命に働いた)

quarrel over「... のことで口論する」

(71)　She *quarreled* with her brother *over* their father's will.
(彼女は父親の遺言のことで兄と口論した)

quarrel with「(人) と口論する」

(72)　Do not *quarrel with* your neighbors.
(あなたの隣人と口論してはいけない)

run after「... を追いかける」

(73)　The cat *ran after* the mouse.
(猫はネズミを追いかけた)

run at「... を攻撃する」

(74)　The bull *ran at* the farmer.
(雄牛は農夫に襲いかかった)

run away with「...を持って逃げる」

(75) The servant *ran away with* his master's money.
(召使いは主人の金を持って逃げた)

run over「...をひく」

(76) He was *run over* and killed by a bus.
(彼はバスにひかれて亡くなった)

search for「...を捜す」

(77) I am *searching for* a lost watch.
(私はなくした時計を捜している)

search into「...を調査する」

(78) We must *search into* the root of the matter.
(われわれはこの問題の根源まで調査しなければならない)

see through「...を見通す」

(79) He *saw through* their motives.
(彼は彼らの動機を見抜いた)

see to「...に気をつける, ...の世話をする」

(80) I will *see to* it.
(私がその世話をしましょう)

smile at「...を見て［聞いて］にっこりする」

(81) She *smiled at* his compliment.
(彼女は彼のお世辞を聞いてにっこりした)

smile on「(運命が) ... に恵みを垂れる」

(82) Fortune at length *smiled on* us.
(ついに私たちに運が向いてきた)

stand by「... を支持する」

(83) We must *stand by* each other.
(私たちは互いに助け合わなければならない)

stand for「... を表す」

(84) The initials R.L.S. *stand for* Robert Louis Stevenson.
(R. L. S. という頭文字は，ロバート・ルイス・スティーブンソンを表す)

take after「... に似ている」

(85) John *takes after* his father in appearance.
(ジョンは外見が父親に似てる)

take A for B「A を B と勘違いする」

(86) I am often *taken for* a foreigner. 　　　　　(東京医大)
(私はよく外国人と間違えられる)

take to「... が好きになる」

(87) The child *took to* me instantly.
(その子はすぐに私を好いてくれた)

talk about [of]「...のことを話す」

(88) Let's *talk about* something else.
(何か別のことを話しましょう)

(89) He does nothing but *talk of* his horse.
(彼は自分の馬のことばかりしゃべっている)

talk at「(人) に一方的に話す」

(90) The boss *talked at* me instead of with me.
(社長は私と話すのではなく，一方的に話した)

talk to [with]「(人) と話す」

(91) Who are you *talking to*?
(きみは誰と話しているのですか)

(92) Who is that person *talking with* Fred?
(フレッドと話しているあの人は誰ですか)

touch at「...に立ち寄る」

(93) The ship will *touch at* Honolulu.
(その船はホノルルに寄港するだろう)

touch on「(話題など) に触れる」

(94) Betty *touched on* the subject of fashion.
(ベティはファッションの話題に触れた)

trust in「... を信じる」

(95) Bill *trusted in* divine power.
(ビルは神の恵みを信じていた)

trust A with B「A に B を預ける」

(96) You may *trust* him *with* your money.　　　　(東京外大)
(彼にはきみの金を預けてもよい)

wait for「... を待つ」

(97) If I am not there on time, don't *wait for* me.
(私が時間どおりにそこに行かなかったら，私を待たないでください)

wait on [upon]「... に仕える；... に給仕する」

(98) The old man has no one to *wait upon* him.
(その老人は身の回りの世話をする人がいない)

(99) Who's *waiting on* table 9?
(9 番テーブルは誰が給仕しているのか)

第 6 章

紛らわしい「形容詞 + 前置詞」

この章では，紛らわしい「形容詞 + 前置詞」を調べてみよう。

angry at [about, over]「(事柄) に対して怒っている」

(1) He is very *angry about* the way he's been treated.
(彼は自分の扱われ方についてひどく怒っている)

angry with「(人) に対して怒っている」

(2) Are you *angry with* me?
(きみはぼくのこと怒っている)

annoyed at「(事柄) に困って」

(3) She was *annoyed at* having to show up before the public.
(彼女は公衆の面前に姿を見せなければならないのが厭だった)

annoyed with「(人) に困って」

(4) He was *annoyed with* you for your persistence.
(彼はきみがしつこいのに困っていた)

anxious about「...のことを心配して」

(5) I am *anxious about* her success in the contest.
(彼女がコンクールで成功するかどうか心配です)

anxious for「...を切望して」

(6) All people are *anxious for* peace.
(万人は平和を切望している)
☞ anxious *to do* は「...することを切望して」の意: I am *anxious to* see your father. (あなたのお父さんにお目にかかりたくてなりません)。

dependent on「...に頼って」

(7) He is still *dependent on* his parents.
(彼はいまだに両親のすねをかじっている)

independent of「...から独立して」

(8) He had a determination to be *independent of* others.
(彼は他人のやっかいになるまいと決心していた)

familiar to「(人) によく知られて」

(9) His name is *familiar to* everyone.
(彼の名前はみんなに知られている)

第6章　紛らわしい「形容詞＋前置詞」　175

familiar with「... をよく知って」

(10)　The foreigner is *familiar with* things Japanese.
　　　(その外国人は日本の事物によく通じている)

good at「... が上手で」

(11)　He is very *good at* English.
　　　(彼は英語がとてもよくできる)

good for「... に良い, ... に役に立つ」

(12)　That man is *good for* nothing.
　　　(あの男はろくでなしだ)

impatient at「... にいらいらして」

(13)　He was *impatient at* my delay.
　　　(彼は私が遅れたのにいらいらしていた)

impatient for「... を待ちかねて」

(14)　I am *impatient for* the arrival of my friend.
　　　(私は友人の到着を待ちかねています)

liable for「... に対して責任があって」

(15)　Is a man *liable for* his son's debts?
　　　(人は息子の借金に対して責任があるのだろうか)

liable to「... にかかりやすい」

(16) All men are *liable to* error.
(すべての人は誤りを犯しやすい)
☞ liable to *do* は「...しがちで」の意: All men are *liable to* err. (人はみな誤りをしがちである)。

possessed of「...を所有して」

(17) He is *possessed of* great wealth. （関西大）
(彼は大財産を所有している)

possessed with「（考え）に取り憑かれて」

(18) He is *possessed with* an idea of being a god.
(彼は自分は神であるという考えに取り憑かれている)

tired from [with]「...に疲れて」

(19) I was utterly *tired from* a long walk.
(私は遠道の散歩ですっかり疲れてしまった)

tired of「...に飽きて」

(20) I am *tired of* the noise and smoke of this city.
(私はこの町の雑音と煙にうんざりしてしまった)

第7章

群前置詞研究

2語以上が連結して，1個の前置詞の役割をなすものを群前置詞 (group preposition) または句前置詞 (phrasal preposition) という。すべての群前置詞は，1個の前置詞で終わっている。以下，代表的なものを調べてみよう。

according to (i)「...に従って」

(1) Act *according to* circumstances.
(臨機応変に行動せよ)

(ii)「...によれば」

(2) *According to* the Bible, God made the world in six days.
(聖書によれば，神は6日で世界を創造した)

ahead of「...より先に」

(3) John finished his test *ahead of* the other boys.

(ジョンはほかの生徒よりも先にテストを書き終えた)

along with「...と共に」

(4) I rejoiced over the news *along with* the others.
(私はそのニュースをほかの人たちと共に喜んだ)

apart from「...は別として」

(5) *Apart from* joking, what do you mean to deal with it?
(冗談はさておき, きみはそれをどう処理するつもりか)

as compared with「...を比べれば」

(6) This is a great improvement *as compared with* what it was last year.
(これは去年のものと比べれば大きな進歩だ)

as for「...について言えば」普通文頭に置いて。

(7) *As for* me, give me liberty or give me death!
(Patrick Henry 1775)
(私には, 自由を与えよ, さもなくば, 死を与えよ！)
☞ Patrick Henry はアメリカの愛国的政治家。イギリスに対する抵抗運動を扇動し, アメリカの独立に寄与した。

as regards「...に関しては」

(8) I cannot agree with you *as regards* that.
(その件については同意できません)

☞ *as* regards / *as* concerns / *as* respects などは，いずれも so far as *it* concerns という意味の非人称動詞 (impersonal verb)。

as to「... については」しばしば文末または間接疑問を目的語として。

(9) He said nothing *as to* hours.
(彼は時間については何も言わなかった)

(10) He said nothing *as to whether* he would come back.
(彼は帰って来るかについては何も言わなかった)

at the cost of「... を犠牲にして」

(11) It is foolish to study *at the cost of* health.
(健康を犠牲にして勉強するのはばかげている)

at the point of「いまにも ... しそうで」

(12) The invalid was *at the point of* death.
(病人は死に瀕していた)

at the risk of「... を犠牲にして」

(13) Some of the photos have been taken *at the risk of* life.
(その写真の中には生命をかけて撮ったものがある)

because of「... のために」

(14) I couldn't go out yesterday *because of* the storm.

(きのうは嵐のため外出できなかった)

but for「...がなければ,...がなかったら」仮定法(→p. 33)。

(15) I couldn't do it *but for* your help.
(あなたの援助がなければそれはできないだろう)

by dint of《文語》「...の助けで」

(16) He gained his prize *by dint of* steady application.
(彼はたゆまぬ勤勉によってその賞を得た)

by means of《文語》「...によって」

(17) They lifted a stone *by means of* a lever.
(彼らはてこで石を持ち上げた)

by way of「...を経由して」

(18) He went to Europe *by way of* Siberia.
(彼はシベリア経由でヨーロッパへ行った)

contrary to「...に反して」

(19) *Contrary to* what I thought, he succeeded as a novelist.
(私の予想に反して,彼は小説家として成功した)

except for「...(があるの)を除けば」

(20) The man was naked *except for* his loins.
(その男はふんどしを(締めているのを)除けば裸だった)

far from「... どころか」

(21) *Far from* declaring victory, he was thinking of what to do if he lost.
(勝利を宣言するどころか，彼は負けたらどうしようかと考えていた)

for fear of「... を恐れて」

(22) *For fear of* an accident, his father doesn't drive.
(事故を恐れて，彼の父親は車の運転をしない)

for lack [want] of「... がないので」

(23) The crops failed *for want of* rain.
(雨が降らないので不作だった)

for the purpose of doing「... するために」

(24) We bought the land *for the purpose of* build*ing* on it.
(私たちはそこに建物を建てるためにその土地を買った)

for the sake of「... のために」

(25) All people must toil *for the sake of* freedom.
(すべての人は自由のために骨折って働かなければならない)

in accordance with「... に従って」

(26) *In accordance with* her wishes, she was buried in

France.   (CALD³)

(彼女の希望に従って，フランスに埋葬された)

in addition to「...に加えて」

(27) *In addition to* the sum he still owes me 10 dollars.
(その金額の上に，彼はまだ10ドル私に借りがある)

in case of「...の場合は」

(28) *In case of* my not being there, ask my brother to help you.
(私がそこにいない場合は，私の弟に頼んで助けてもらいなさい)

in comparison with「...と比べて」

(29) The buildings in London are small *in comparison with* skyscrapers in New York.
(ロンドンの建物はニューヨークの摩天楼と比べると小さいものだ)

in consequence of「...の結果」

(30) I cannot start out *in consequence of* my mother's sudden illness.
(母の急病の結果私は出発できない)

in favor of「...を支持［賛成］して」

(31) I am *in favor of* his proposal.

(私は彼の提案に賛成だ)

in front of「... の前に」

(32) Warm yourself *in front of* the fire.
(火の前で暖まりなさい)
☞ この意味では before よりも普通。

in honor of「... に敬意を表して」

(33) A farewell meeting was held *in honor of* Mr. Close.
(クロース氏に敬意を表してお別れ会が催された)

in place of「... の代わりに」

(34) Plant a pine tree *in place of* this dead rose.
(この枯れたバラの代わりに松の木を植えなさい)

in proportion to「... に比例して」

(35) The camel possesses strength *in proportion to* its size.
(らくだは大きさに比例した力がある)

in relation to「... に関連して」

(36) She is quite optimistic *in relation to* future.
(彼女は将来についてはまったく楽天的である)

in respect [point] of「... の点では」

(37) *In respect of* age he is my senior.

(年齢の点では彼は私の年上だ)

in response to「…に答えて，…に応じて」

(38) He answered nothing *in response to* my inquiry.
(彼は私の紹介に対して何も返事をよこさなかった)

in search of「…を捜して」

(39) They went to Canada *in search of* gold.
(彼らは金を捜してカナダへ行った)

in spite of「…にもかかわらず」

(40) We went out *in spite of* the rain.　　　　　　(LDCE[5])
(私たちは雨にもかかわらず外出した)

in course of「…中に」

(41) The ship is now *in course of* construction.
(その船は現在建造中である)

in the event of「…の際には」

(42) I have another chance *in the event of* failure.
(失敗した場合にはもう一度チャンスがある)

in the teeth of「…を物ともせず」

(43) The work had been finished *in the teeth of* every difficulty.
(その仕事は，あらゆる困難を物ともせず完成された)

instead of「...の代わりに」

(44) I spent a year in part-time job *instead of* going to school.

(私は学校へ行く代わりに1年間アルバイトで過ごした)

on account of「...のために」

(45) He keeps at home now *on account of* his great age.

(彼はいまは高齢のために家にとじこもっている)

on behalf of「...に代わって, ...を代表して」

(46) *On behalf of* the company, I welcome you.

(会社を代表して, あなたを歓迎いたします)

owing to「...のために」原因。

(47) *Owing to* the weather we were an hour late.

(天候のために1時間遅れた)

save [except] for「...があるのを除けば」

(48) This is a charming book *except for* a few misprint.

(2, 3の誤植があるのを除けば, これは魅力ある本だ)

thanks to「...のおかげで」しばしば反語的。

(49) *Thanks to* the television, boys and girls are neglectful of their study.

(テレビのおかげで少年・少女は勉強を怠る)

together with「...といっしょに」

(50) He sold the house, *together with* the furniture.
(彼は家を家具といっしょに売ってしまった)

under cover of「(闇に) まぎれて」

(51) We escaped *under cover of* night.
(われわれは闇に紛れて逃亡した)

with a view to doing「...するために」

(52) I said all I could *with a view to* prov*ing* his innocence.
(私は彼の無実を証明するためにできるだけのことを言った)

with regard [respect, reference] to「...について」

(53) I have nothing to say *with respect to* this question.
(この問題については何も言うことはありません)

with the exception of「...を除いて」

(54) *With the exception of* Tom and Jim, all the boys passed the examination.
(トムとジムのほかは、すべての少年がその試験にパスした)

補　遺

over の意味分析

　まず，以下の作業仮説を立てる。次のイメージ・スキーマにおいて，トラジェクター (trajector, TR) は，参与項間で最も際立つ"図柄"(figure) を表し，ランドマーク (landmark, LM) は，その背景となる"地づら"(ground) を表す。

(i) 中心的なスキーマとして，"弧を描く経路"(arced path) または"半円形の経路"(semicircular path) を仮定する。

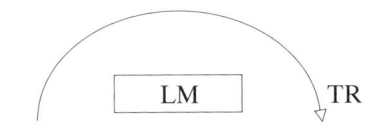

(ii) 動詞自体の意味，TR の形状，LM の特徴を over の意味から排除する。
(iii) Dewell (1994) とともに，分節のプロファイルを認め

る。[1]

さらに、意味変化の重要な原因の一つとして、どのみちメタファー的写像 (metaphorical mapping) を認めなければならない。たとえば、blue「青い」が「憂うつな」を意味するような場合、現実世界領域から認識的領域へのメタファー的写像が生じている。

1. 中心的スキーマ

これが、over の典型的な用法で、以下の例では、TR は LM の上を「半円形の経路」をたどって越えていく。おもに動作動詞と共起する。

(1) a. The dog jumped *over* the fence.
   (犬は、フェンスを跳び越えた)
 b. Sam climbed *over* the wall.
   (サムは、よじ登って壁を越えた)
 c. Sam walked *over* the hill.
   (サムは、歩いて丘を越えていった)
 d. Sam drove *over* the bridge.
   (サムは、車で橋を越えていった)

このとき、TR と LM の接触・非接 (contact/noncontact) は、

---

[1] われわれが事象を認知するとき、全体が一様に見えることは決してなく、必ず、目だつ部分と目だたない部分に分かれるはずである。

動詞の意味から予測可能であり，over に内在する意味ではない。次の例では，「離婚」や「病気」が乗り越えるべき"障害"または"峠"としてメタファー的に捉えられている。

(2) a. It took her ages to get *over* her illness.
（彼女の病気が回復するのに，長年かかった）
   b. Harry still hasn't gotten *over* his divorce.
（ハリーは，まだ離婚の痛手を乗り越えていない）

以下のすべての例において，話し手の意識にあるのは，"弧を描く経路"という中心的イメージ・スキーマである。( )内に一般辞書に与えられている意味を挙げておく。

(3) a. She put a rug *over* the sleeping child. （... を覆って）
   b. She wore an overcoat *over* her sweater. （同上）
   c. We discussed the matter *over* dinner. （... しながら）
   d. He is famous all *over* the world / all the world *over*. （... じゅう）
   e. *Over* (to you). （(そちらへ)どうぞ）［無線交信］
   f. I asked them *over* for dinner. （こちらへ）[2]
   g. Take this *over* to my friend's house. （あちらへ）[2]
   h. Her persuasion won him *over* to our side. （移って）
   i. He read the letter *over*. （初めから終わりまで）
   j. They spoke *over* the phone. （... を通じて）

---

[2] この over について，OED (s.v. *Over* 5a) は，「古い用法では，海・通り・共有地の表面を横切ることを言ったが，のちには二つの場所間の空間・距離を横断することを言うことが多くなった」と注記している。

k. They had an argument *over* money. （...をめぐって）

l. Many changes happened *over* the six months.
（...の間に）

(3k) の例で，about よりも長期間の紛争が暗示されるのは，over のもつ弧の形状からの帰結である。また，(3l) では，場所から時間へのメタファー的写像が起こっている。

Lakoff (1987) は，次の (4) のような over の用法を "反復" (repetition) のスキーマと考えて，非常に苦しい説明をしている。しかし，この over は OED (s.v. *Over* 13a) にあるように，元来は *over* again，または twice/thrice *over* のように倍数詞とともに用いられたのであった。いわば，「(ご破算にして) もう一度弧を描け」といったような意味を表していたのである。したがって，反復の意味は，元来は again/twice などが担っていたのであり，over 自体のイメージは，依然として "弧を描く経路" と考えられる。

(4) a. Pray doe it *over again*! (OED)
（どうか繰り返してください）

b. Do it *over*. （それをやり直せ）

2. 分節のプロファイル

Dewell (1994) とともに，ここでも弧の一部分のみがプロファイルされる場合を仮定する。

弧の中心部分のプロファイル

次の例は，Dewell が特に弧の中心部分 (central region) がプ

ロファイルされている例としているものであるが、どのみち経路は弧を描くのであるから、中心的なイメージ・スキーマそのものと見るほうが妥当かと思われる。

(5) a. The plane flew *over* the hill.
   (飛行機は、丘の上を飛び越えていった)
   b. The bird flew *over* the wall.
   (鳥は、塀の上を飛び越えていった)

弧の頂点のプロファイル

弧の頂点がプロファイルされたイメージを利用した例は、以下に見るように、非常に多い。

(6) 「...の上に」
   a. The picture is *over* the fireplace.
   (絵は暖炉の上にある)
   b. The power line stretches *over* the yard.
   (電線が庭の上を伸びている)
   c. The upper story projects *over* the street.
   (二階は、通りの上に突き出ている)

この over は、ほぼ above と同義とされるが、above と違って、over には弧のイメージの自然な帰結として、「覆いかぶさる」の意味がこもる。

(7) 「支配」
   a. He ruled *over* a great empire.
   (彼は、偉大な帝国を支配した)
   b. He has little control *over* his emotions.

(彼は，感情をほとんどコントロールできない)

 c. She has only the director *over* her.

  (彼女の上司は，所長だけだ)

over が「支配」を意味することについては，その前にくる rule, control, director という語彙項目に内在する「支配」の意味の寄与を見逃してはならない。権力のあるものが「上に」かぶさっていれば，「支配」の意味はおのずと出てくるのである。

(8) 「... より多く」

 a. Most of the carpets are *over* $1,000.

  (このカーペットの大半は，1000 ドル以上だ)

 b. She's well *over* fifty.

  (彼女は，優に 50 歳を超えている)

この意味は，ある"基準"があって，それよりも「上に」ある，ということである。

(9) 「超過」

 a. The children got rather *over*-excited.

  (子どもたちは，だいぶ興奮しすぎた)

 b. You're *over*confident. (君は，自信過剰だよ)

 c. The river *over*flowed/flowed *over* the levees.

  (河が氾濫した／提防を越えて流れた)

 d. The bathtub *over*flowed. (バスタブの水があふれた)

「超過」(excess) の意味は，主として複合語の接頭辞としての over に見られる。(9a, b) は，興奮や自信が常識で考えられる"基準"を「上回って」いる，つまり，「超過」しているのである。

補遺 over の意味分析

また，(9c, d) のように，TR が流体である場合は，当然，基準(=堤防)を越えてあふれることになる。言い替えれば，「あふれる」(overflowing) という意味は，over ではなく，流体の寄与する意味である。[3]

上向き部分のプロファイル

始点から頂点への上向き部分のプロファイルは，比較的まれである。

(10) a. The plane climbed high *over* the city.
    (飛行機は，町の上へ高く上昇していった)

 b. The sun came up *over* the mountain.
    (太陽は，山の上へ昇ってきた)

 c. She rolled *over* on her side.
    (彼女は，寝返りをうって横になった)

下向き部分のプロファイル

次の例では，弧の下向き部分がプロファイルされている。

(11) a. Sam fell *over* the cliff.
    (サムは，崖から落ちた)

 b. The baby fell *over* and began to cry.
    (子どもはころんで，泣きだした)

---

[3] 次の例は，LM が主語の位置にきている点が珍しい。「喜び」(TR) がまるで流体のように「胸」(LM) の容量を超えてあふれていたと言うのである。
(i) His heart was *over*flowing with joy.
    (彼の胸は喜びにみちあふれていた)

    c.   The wind must have blown it *over*.

         （風がそれを吹き倒したのにちがいない）

    d.   The invalid is *over* the hill. （病人は峠を越えた）

(11d) で,「危機を脱して」のメタファーが日英語ともに同じなのは興味深い。メタファーは, 人間の認知を反映するものとして, かなりの普遍性があるようである。

終点部分のプロファイル

次の例では, おもに状態動詞とともに用いられて, 弧の終点 (endpoint) 部分をプロファイルしている。

(12) a.   Sam lives *over* the hill.

         （サムは, 丘の向こう側に住んでいる）

    b.   Sausalito is *over* the bridge.

         （ソーサリートは橋の向こう側にある）

    c.   The game is *over*. ［=ended］

         （ゲームは, 終わった）

(12a) では, on と違って,「丘の上に住む」という意味にはならないし, (12b) では, S 市が「橋の上にある」はずもないので, 必然的に「... の向こう側に」という弧の終点をプロファイルした解釈が出てくる。その読みには, live (住んでいる), is (ある) という状態動詞の意味も寄与している。

on ではなく, over である以上, (12a, b) の文は,「サムは丘の上に住む」という意味にも,「S 市は橋の上にある」という意味にもならない。over を使用したとき, 話し手は, 心の中で丘や橋を越えているのである。すなわち, Langacker (1987) の言

う"心的走査"(mental scanning) を行っているのである。その結果，(12) の文は，それぞれ，「丘を越えたところに住んでいる」，「S市は橋を渡ったところにある」という解釈が与えられることになる。

3. イメージ・スキーマの回転

これまでは，TR が上に，LM が下にある例のみを記述してきたが，イメージ・スキーマ全体が回転 (rotate) することがある。

(13) a. There was a veil *over* her face.
(彼女の顔には，ベールが覆われていた) [90度回転]
b. There were flies all *over* the ceiling.
(天井にハエがいっぱいとまっている) [180度回転]

しかし，TR と LM の位置的関係は相対的なものであるから，上例の場合も，弧の中心的なイメージ・スキーマはいささかも変わっていない。それはちょうど，on の「接触」(contact) というイメージ・スキーマは，以下の例が示すように，イメージ・スキーマがどのように回転していようと，変わらないのと同じである。

(14) a. There is a cat *on* the desk.
(デスクの上に猫がいる)
b. There is a picture *on* the wall.
(壁に絵が掛かっている) [90度回転]
c. There are flies *on* the ceiling.
(天井にハエがとまっている) [180度回転]

したがって，イメージ・スキーマの回転ということは，ことさら言わなくてもいいのかもしれない。

4. TR 自体の回転

ときに，TR 自体が回転することもある。

(15) a. The little boy fell *over* and started to cry.
    (坊やはころんで，泣きだした)［90 度回転］
  b. She rolled the baby *over* onto its stomach.
    (彼女は，赤んぼうを寝返りさせて，腹ばいにした)［180 度回転］
  c. The children rolled *over* and *over* down the gentle slope. ［360 度回転の繰り返し］
  d. He turned the question *over* in his mind.
    (彼は，その問題を思いめぐらした)［同上］

(15a) の 90 度の回転では，弧の下向き方向のプロファイルと見ることもできるし，(15b) の 180 度の回転では，弧の描く半円形の経路全体がイメージされていると考えることもできる。その場合は，TR が弧を描いて移動するのであるから，話し手の心にあるのは，依然として中心的なイメージ・スキーマ"弧を描く経路"であると説明することが可能である。

(15c, d) の例では，2 回以上の 360 度回転が示唆されている。[4]

---

[4] この場合も，TR はどのみち移動することが多いのだから，ことさら回転だけを問題にしなくてもいいかもしれない。

参考文献

A. 一般辞書

Cambridge Advanced Learner's Dictionary, 2008. [CALD³]
Collin's COBUILD Advanced Dictionary, 2009. [CCAD⁵]
Longman Dictionary of Contemporary English, 2010. [LDCE⁵]
Macmillan English Dictionary for Advanced Learners, 2007. [MED²]
Merriam-Webster's Advanced Learner's English Dictionary, 2008.
Oxford Advanced Learner's Dictionary, 2010. [OALD⁸]
The New Oxford American Dictionary, 2005.
The New Oxford Dictionary of English, 2005.
The Oxford English Dictionary, 2nd edition (CD-ROM version 4), 2009. [OED]

B. 前置詞関係

Dewell, Robert B. (1994) "*Over* Again: Image-Schema Transformations in Semantic Analysis," *Cognitive Linguistics* 5, 351-380.

Haegeman, L. and J. Guéon (1999) *English Grammar: A Generative Perspective*, Blackwell, Oxford.

Lakoff, George (1987) *Women, Fire, and Dangerous Things: What Categories Reveal about the Mind*, University of Chicago Press, Chicago.［池上嘉彦・河上誓作他（訳）『認知意味論：言語から見た人間の心』, 紀伊國屋書店.］

Langacker, Ronald W. (1987) *Foundations of Cognitive Grammar*, vol. 1: *Theoretical Prerequisites*, Stanford University Press, Stanford.

Mätzner, E. (1885) *Englische Grammatik*³, 3 Bde., Weidmann,

Berlin.

Swan, M. (1995) *Practical English Usage*, Oxford University Press, London.

索　引

配列はアルファベット順。数字はページ数を表す。

[A]

abound in　157
abound with　157
about　7, 9, 103-105
above　105, 106, 144, 145
above all (else)　106
absent *one*self from　40
according to　87, 177
account for　33
acquaint *A* with *B*　97
across　106, 107
add to　87
after　1, 107-109, 147
after the fashion of　108
against　109-110, 154, 155
against *one*'s will　110
against time　110
agree on　157
agree to　157
agree with　158
ahead of　69, 177
all about　104
all but　120
along　110
along with　178
among　111, 112
among the rest　112

amount to　88
angry at [about, over]　15, 173
angry with　15, 173
annoyed at　173
annoyed with　173
answer for　33
anxious about　174
anxious for　174
anything but　121
apart from　178
around　133
as　5, 113, 114
as compared with　178
as far as　113
as for　114, 178
as regards　178
as such　114
as to　114, 179
ask *A* for *B*　158
ask *A* of *B*　158
ask after　158
at　5, 8-10, 12-19, 143-146, 150, 155, 156
at (the) most　17
at all　16
at all costs　16
at all events　16
at any cost　16

199

at best 16
at hand 17
at last 17
at least 17
at length 17
at once 17
at once *A* and *B* 18
at *one*'s wits' end 18
at sea 18
at the cost of 18, 179
at the first opportunity 18
at the mercy of 19
at the point of 179
at the risk of 19, 179
attend on [upon] 158
attend to 88, 158
avail *one*self of 69

[B]

be absent from 40
be absorbed in 47
be attended with 158
be aware of 66
be capable of 66
be careful of 66
be desirous of 67
be engaged in 47
be expressive of 67
be fond of 67
be full of 67
be hopeful of 67
be ignorant of 67
be in favor of 68
be possessed of 68
be productive of 68

be respectful of 68
be scared of 68
be sure of 68
be worth of 69
because of 69, 179
before 2, 5, 114, 115, 147, 148
before long 115
beg for 159
beg of *a person* to *do* 159
begin with 98
behind 115, 116
behind the times 116
behind time 116
believe in 47
belong to 88
below 116, 117, 144, 145
beneath 144, 145
beside 117, 118
beside *one*self with 118
beside the question 118
besides 118
bestow *A* on *B* 77
between 111, 112
beyond 119, 120
beyond all praise 119
beyond doubt 120
but 6, 120, 121
but for 33, 121, 180
by 19-24, 147-149
by accident 22
by all means! 23
by chance 22
by day 22
by dint of 180
by far 23
by means of 23, 180

by name 23
by nature 23
by night 22
by no means 24
by *one*self 153
by the way 24
by way of 24, 180

[C]

call at 159
call for 159
call on 77, 159
call on [upon] a *person* for [to *do*] 159
care for 33
carry all before one 115
catch up with 98
come [run] across 107, 160
come at 160
come by 160
come into existence [being] 124
come near to *do*ing 127
come up with 160
compare *A* to *B* 160
compare *A* with *B* 161
comply with 98
consist in 47, 161
consist of 161
consist with 161
contrary to 180

[D]

deal in 48, 161

deal with 162
delight in 48
dependent on 174
die from 152
die of 152
differ from 162
differ with 162
dispense with 98
dispose of 70
distinguish *A* from *B* 162
distinguish between 162
distinguish between *A* and *B* 112
do away with 98
do for 34
do with 162
do without 141, 163
down 121, 122, 144, 145
during 13, 122, 123, 148

[E]

enter into 163
enter on [upon] 78, 163
except 3, 6
except for 34, 180

[F]

fail in 163
fail of 163
familiar to 174
familiar with 175
far from 40, 81
find [have] difficulty in 48
find fault with 99

for 5, 24-36, 148, 150, 154
for all 34
for ever (and ever) 34
for example 34
for fear of 35, 181
for instance 34
for lack [want] of 181
for *one*self 154
for the asking 35
for the purpose of *do*ing 35, 181
for the sake of 181
for want of 35
free from 41
from 6, 9, 36-41, 146, 147, 149-152
from ~ to ... 5
from before 4
from behind 4
from hand to mouth 41
from within 7

[G]

get at 164
get on well with 99
get on with 99
get through 134
get to 164
give way to 88
go far toward(s) 137
go through 135
go to naught 88
go without saying 141
good at 175
good for 175

[H]

have nothing to do with 99
have to do with 164
hear from 41
help *A* with *B* 99
help *one*self to 88
How [What] about 104

[I]

impatient at 175
impatient for 175
in 10, 13, 41-54, 143-147
in accordance with 48, 181
in addition to 182
in case of 49, 182
in common with 99
in comparison with 49, 182
in consequence of 49, 182
in course of 184
in exchange for 49
in favor of 182
in front of 183
in fun 49
in general 49
in honor of 50, 183
in itself 154
in memory of 50
in need of 50
in *one*'s element 50
in order to *do* 50
in order that ... may *do* 50
in particular 51
in pencil 153
in place of 183

in proportion to 183
in relation to 183
in respect [point] of 183
in response to 184
in search of 184
in short 53
in spite of 51, 184
in terms of 51
in that 8, 51
in the absence of 51
in the capacity of 52
in the course of 52
in the direction of 52
in the event of 184
in the habit of *do*ing 52
in the teeth of 184
in the way of 52
in time 53
in time for 53
independent of 174
inquire after 164
inquire for 164
inquire into 165
inside 123
insist on 78
instead of 70, 185
interfere with 100
into 10, 123–125, 150, 151
It is not till [until] ... that 136

[K]

keep away from 41
keep from 165
keep in touch with 100
keep to 165

keep up with 100

[L]

liable for 175
liable to 175
like 125, 126
little by little 24
live off 165
live on 165
live with 165
long for 35
look *a person* in the face 53
look after 166
look down on [upon] 166
look for 166
look into 124, 166
look on [upon] *A* as *B* 166
look over 131
look up to 166

[M]

make after 166
make allowance(s) for 36
make for 167
make friends with 100
make up for 36, 167
mistake *A* for *B* 36

[N]

name *A* after *B* 108
near 126, 127
not [never] ... without *do*ing 141

not [never] fail to *do*   164
nothing but   121

[O]

occur to *a person*   89
of   3, 7, 9, 54–70, 149–152
of a morning [Sunday, etc.]   69
of itself   154
off   127, 128
off duty   128
off smoking   128
on   1, 2, 6, 7, 10, 71–80, 144–146, 195
on account of   78, 185
on behalf of   185
on purpose   78
on the contrary   78
on the instant   79
on the point of *do*ing   79
on the spot   79
on the whole   79
one after another   108
originate in   167
originate with   167
out of   128, 129
outside   130
over   130–132, 144, 145, 155, 156, 187–196
over and above   132
owing to   185

[P]

part with   100, 167
past   132

play with   101
possessed of   176
possessed with   176
pride *one*self on   79
provide against   168
provide for   168
put into practice   125
put up with   101

[Q]

quarrel over   168
quarrel with   168

[R]

read between the lines   112
refrain from (*do*ing)   41
rejoice in   48
round   133
run after   168
run at   168
run away with   169
run over   169

[S]

save   6
save [except] for   185
search for   169
search into   169
second to none   89
see through   169
see to   89, 169
since   133, 146, 147
since when   8

smile at 169
smile on 170
so much for 36
specialize in 53
stand by 170
stand for 170
stand on end 80
succeed in 53
succeed to 89

[T]

take [feel] pride in 54
take *A* for *B* 170
take advantage of 70
take after 109, 170
take care of 70
take into account 125
take part in 54
take to 170
talk about [of] 171
talk at 171
talk to [with] 171
thanks to 185
through 134, 135
throughout 135
till 135, 136, 147, 148
till after 4, 6
tired from [with] 176
tired of 176
to 2, 9, 10, 80–90, 150, 151
to all appearance(s) 89
to *one*'s advantage 90
to the contrary 90
to the point 90
together with 186

touch at 171
touch on 171
toward(s) 136, 137
trifle with 101
trust *A* with *B* 172
trust in 172

[U]

under 2, 137–139, 144, 145
under cover of 138, 186
under the name of 139
until 2, 135, 136
up 121, 122, 144, 145
up and down 122

[W]

wait for 172
wait on [upon] 172
watch over 132
with 3, 5, 9, 10, 90–101, 148, 149, 155, 156
with a pencil 153
with a view to *do*ing 186
with all 101
with regard [respect, reference] to 186
with the exception of 186
within 139, 140
within ... of 140
within call [hearing] 139
without 6, 140–142
without doubt 142
without fail 142

安藤　貞雄（あんどう　さだお）

広島大学名誉教授・文学博士（名古屋大学）。1973 年ロンドン大学留学。1976 年市河賞，2006 年英語語法文法学会賞，2008 年瑞宝中綬章。Who's Who in the World (1993-), Men of Achievement (1995-) に記録。

主な編著書：*A Descriptive Syntax of Christopher Marlowe's Language* (University of Tokyo Press), 『英語教師の文法研究』（正・続）（大修館書店），『生成文法用語辞典』（共著，大修館書店），『英語学の歴史』（共著，英潮社），『新クラウン英語熟語辞典』（第 3 版）（共編，三省堂），『新英和大辞典』（第 5, 6 版）（共編，研究社），『言語学・英語学小辞典』（共編，北星堂書店），『現代英米語用法事典』（共編，研究社），『英語学の視点』，『英語学入門』（共著），『英語史入門』，『現代英文法講義』，『英語の文型』（以上，開拓社），『英語イディオム・句動詞大辞典』（編，三省堂），ほか。

主な訳書：マッカーシー『語学教師のための談話分析』（共訳，大修館書店），『ラッセル教育論』，『ラッセル幸福論』，サピア『言語――ことばの研究序説』，イェスペルセン『文法の原理』（上，中，下），プリーストリー『夜の来訪者』，ガーネット『狐になった奥様』，チャールズ・ラム，メアリー・ラム『シェイクスピア物語』（上，下）（以上，岩波文庫）ほか。

英語の前置詞　　〈開拓社 言語・文化選書 31〉

2012 年 6 月 26 日　　第 1 版第 1 刷発行

著作者	安 藤 貞 雄
発行者	武 村 哲 司
印刷所	東京電化株式会社／日之出印刷株式会社

発行所　　株式会社　開 拓 社

〒113-0023 東京都文京区向丘 1-5-2
電話　（03）5842-8900（代表）
振替　00160-8-39587
http://www.kaitakusha.co.jp

© 2012 Ando Sadao　　　　　ISBN978-4-7589-2531-0　C1382

JCOPY ＜(社)出版者著作権管理機構　委託出版物＞
本書の無断複写は著作権法上での例外を除き禁じられています。複写される場合は，そのつど事前に，(社)出版者著作権管理機構（電話 03-3513-6969，FAX 03-3513-6979, e-mail: info@jcopy.or.jp）の許諾を得てください。